おもちゃと遊びのコンシェルジュ

Best 100 Toys for Self-expression

関 康子

遊びのある生活

life with play

はじめに

　世界でもっとも有名な木製玩具「キュービックス」「セラ」（一四二頁）の作者、ドイツ人造形作家のペア・クラーセンさんにインタビューしたときの言葉が忘れられません。「人は『自己保存』と『遊び』の衝動をもって生まれてくる。『遊び』は余剰であり、特に目的のない衝動だが、人の進歩の根源であり、人は楽しむことでエネルギーを維持している」。

　子どもが初めてすること、それは「遊び」です。最近は知育玩具や知育遊びなど、受験に役立つとか頭が良くなるといった「目的」が優先されるきらいがありますが、本来は本能が赴くままの「楽しみごと」です。

　本書が注目したいことは、遊びが、自然なかたちの「自己表現＝Self-expression」である点です。喜怒哀楽などの感情、頭の中のイメージを形に置き換える表現など、自分を素直に人に「伝える力」は、子ども時代の豊かな遊びによって育まれると考えます。近年のいじめや引きこもりなど、子どもにまつわる不幸な出来事の多くは、子ども時代に十分に遊べていない、遊びを通して上手に自己表現する術を身に付けていないことが影響しているのではないでしょうか。

　そう強く感じたきっかけの一つは、最近の子どもはままごと遊びをするときに「ペット」役を演じたがるという話を聞いたことでした。にわかに信じがたく、現在二十歳前後の学生たちに尋ねたところ、ペット役はあったけれど人気のあった役割ではなかったとのこと。ままごとなどのロールプレイは、役になりきることによって自分の気持ちを表現するわけですが、それがペットというのは何を意味しているのでしょうか？　そんな話を上海在住の友人に話したところ、中国ではままごとという遊びさえ消滅しつつあるという驚きの話をしてくれました。

とは言え、今もなお、古今東西、子どもの回りには遊びが溢れています。「遊び」は、子どもたちが、生きていくためのしっかりした根っこを生やすのに欠かせない栄養です。その遊びのきっかけを作り、より豊かにしてくれるのがおもちゃです。

本書は、多様な遊びを引き出す機能があり、特に「自己表現＝Self-expression」を応援してくれて、子どもも大人も一緒に楽しめ、デザイン性が高く、エバーグリーンな定番品で、比較的買い求めやすい、安全・安心な魅力的なおもちゃ百点を厳選し、そのバックグラウンドや遊び方を紹介しています。同時におもちゃをさらに楽しむ遊びのレシピ、遊びにまつわるエッセイを通して、読者の皆さんの生活に彩りを添える「おもちゃと遊びのコンシェルジュ」として役立てていただければと思います。

関　康子

目次

はじめに　4
1　積み木　8
2　ブロックス　26
3　アート&クラフト　50
4　自己表現　74
5　サイエンス　88
6　フィジカル　104
7　ベビー　120
8　アーティスト&デザイナー　136
エッセイ1　おもちゃの創造者たち　154
エッセイ2　子どもの遊びの今　161
リスト　167

積む　重ねる　壊す

積み木

親が子どもに買って与えたいおもちゃの代表は「積み木」ではないでしょうか。

積み木は、五感を総動員するリアルな遊びであり、勝ち負けや何かを完成させるといった目的もない、子どもの年齢や成長にあわせて遊びを発展できる息の長いおもちゃです。また、「作る」と「崩す・壊す」という行為が一対となっているので、「集中」と「発散」のバランスの良い遊びともいえます。ある幼稚園の先生は、「人は息を吐き、吸うという呼吸なしでは生きていけないように、子どもの遊びにも集中と発散のバランスが大切です」と言っていました。

積み木の種類は多様であり、何を選べばよいのか迷ってしまうもの。結論から言えば「これでなけれ

ばダメ」ということはありません。大切なのは、その積み木の背景や特徴を知ったうえで、子どもの個性にあった一品を選び、一緒に遊び、やる気やひらめきを刺激してあげることです。その試行錯誤が、自己表現そのものなのです。

積み木の「素」になったのは、ドイツの教育思想家フリードリッヒ・W・フレーベルが考案した「恩物《おんぶつ》」と言われています。しかし、現在ではたくさんの種類があり、材料も木材やプラスチックなどさまざまです。木製積み木だけでも、木の種類、大きさ、色、立方体や円錐などの形、ブロックの数などデザインには限りがありませんが、質の良いものならば、親から子、子から孫へと遊び伝えることもできます。

今回ご紹介するものは木製がほとんどです。積み木に限らず、木製玩具には木の温もりや作り手のメッセージがあります。また、木製ですから、かつては地球上のどこかに生えていた一本の木だったはず。それが伐採され、加工され、積み木になって、自分たちの手元に届く……そんなことも、子どもたちに伝えたいと思うからです。

積み木

Select 1

フレーベルの「恩物《おんぶつ》」シリーズ

Select 2

アンカー積み木

Select 3 お山のつみ木

Select 4 HABA ブロックス・グランドセット

Select 1

神様からの贈り物という意味をもつ
フレーベルの「恩物《おんぶつ》」シリーズ

「恩物」シリーズは、子どもの成長に沿って第一恩物から第二十恩物まで体系的に構成されています。ここで紹介する「第五恩物」と「第六恩物」は、後に積み木に発展する中心的な存在です。

「第五恩物」は一辺三センチの立方体が基本で、その立方体を対角線で二分の一、四分の一に割った三角柱の三種類の積み木、計三十九個がセット。自由な造形遊びに加えて、三角柱と立方体を組み合わせて、大きな三角形、長方形、六角形を作るなど、幾何学の不思議を知ることもできます。

「第六恩物」は三×六×一・五センチの直方体が基本で、それを横に二分の一にした直方体、縦に二分の一にした柱状の直方体の三種類、計三十六個がセットになっています。三種類の直方体は子どもに柱、土台、床、壁を想像させるので、橋や家などの建物や構造物を造るのに向いています。基尺は三センチ、材料は緻密で均質な肌目をもつ良質なカバ材、面取りがされていないので、積んでも角がきちんと重なります。厳格な作りからフレーベルの想いが伝わってきます。

取扱い　フレーベル館
　　オンラインショップ　つばめのおうち
本体価格　七、一六〇円（第五恩物）
　　六、七〇〇円（第六恩物）

Select 2

アインシュタインも遊んだ
アンカー積み木

木製積み木の原型は、十九世紀半ばにフレーベルが考案した「恩物」といわれ、以降さまざまなデザインが考案され、世の中に出回っています。そして、一八七五年、木製積み木とはまったく違った発想から生まれたのが、この「アンカー積み木」。あのライト兄弟にも影響を与えたドイツ航空工学界のパイオニア、リリエンタール兄弟によって、欧州の石造建築をリアルに再現できる積み木として生み出されました。二人は石灰、亜麻仁油という材料を型取りして、本物のレンガのような画期的な積み木を作り出したのですが、根っからの技術者であったために営業面で失敗し、一八八〇年に製造技術を事業家フリードリヒ・A・リヒターに売却し、今日に至っています。

この積み木の魅力は素材の本物感。どんな子どももこれを手に取ると特別な何かを感じて、大切なもののように扱うそうです。そんなブロックで建物や街並みを作れば、まるで本物の建築物のように仕上がって、子どもも大満足です。物理学者のアインシュタイン、バウハウスのグロピウスも遊んだそうな。基尺は二・五センチ。最近は子ども向けにカラフルなシリーズも加わりました。

取扱い　アトリエニキティキ
本体価格　二〇、〇〇〇円（基本セット）

Select 3

ファンタジーを膨らませる

お山のつみ木

幼児教育で知られるルドルフ・シュタイナー。その思想を色濃く反映した素朴な積み木です。シュタイナーは子どもの想像力を「ファンタジー」と呼んで重視しました。そして、ファンタジーを最大限に引き出すために、子どもが暮らす環境や道具はなるべく自然のまま、具象的になり過ぎない、説明しすぎないことを心掛けました。おもちゃも自然で素朴、手作り感覚に溢れたものが多いのが特徴です。

「お山のつみ木」は、森の木こりが切り出してきた木片をたくさん集めた、といった印象です。材料となる木材もニレ、ブナ、白樺、はんの木、柳など多種多様。売り方も一キログラムと目方でザックリしたもの。けれども、作為的でない分、子どもの想像力を膨らませるのに、これほど適した積み木はありません。ブロックを一つひとつ手に取って重さ、木肌、色、感触、匂い、叩いたときの音などを確かめるだけでも、十分楽しい遊びです。ものとの出会い、気づきのきっかけを育む積み木でもあります。ブロックは面取りされており、仕上げは亜麻仁油塗装です。一キログラム売りもあります。

取扱い　おもちゃ箱

本体価格　三、二〇〇円（一キログラム）

Select 4

建築的な構成力も養える

HABAブロックス・グランドセット

ハバ社はドイツ最大の総合おもちゃメーカー。その製品は品質、デザインともに世界で高い評価を得ています。そのハバ社を代表する積み木セットが、「HABAブロックス」。ブナ材で、基尺は四センチ。一辺四センチの立方体を基本に、長方形は立方体の二倍、三倍、三角柱は立方体を対角線で二分の一にするなど、寸法や形が体系的にデザインされています。さらにエックス（X）やドーム型などの変化に富んだブロックも含まれているので、形や大きさ合わせといった初歩的な遊びから大がかりなお城や橋なども構築でき、子どもの表現力を大いに刺激してくれます。

積み木遊びというと、作ることが第一ですが、作ったものを壊す・崩すという行為も見逃せません。子どもは作って、崩す行為を通して、気持ちを集中、発散させることができます。大人も集中した後は、発散したくなりますよね。子どもも同じです。そして、完成の暁には、「良くできたね」と言ってあげると、子どもの達成感を満足させ、次の一歩を踏み出す動機となります。

取扱い　ブラザー・ジョルダン社

本体価格　一七、〇〇〇円

積み木

Select 5 コルク積木、木箱入り

Select 6 アルビスブランの積み木

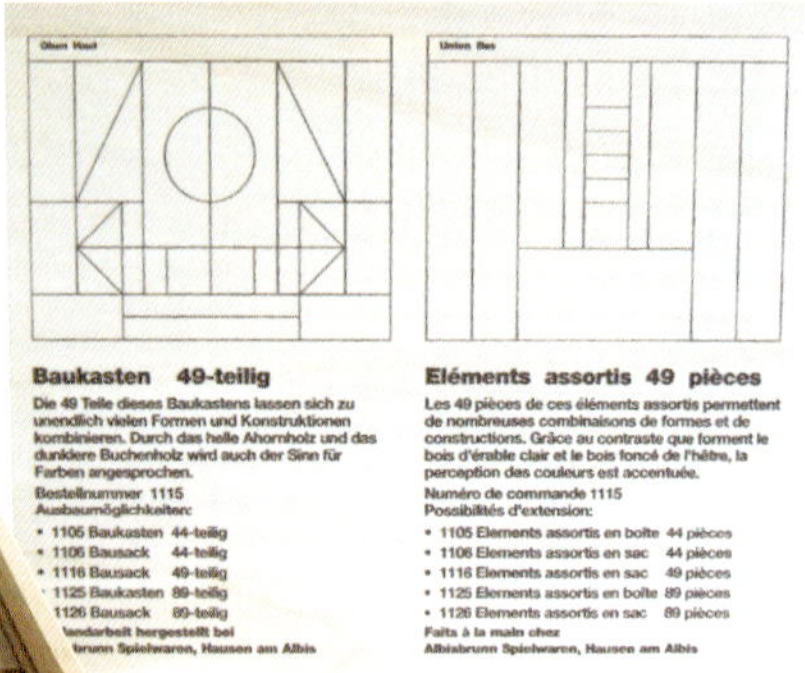
Oben Haut

Unten Bas

Baukasten 49-teilig

Die 49 Teile dieses Baukastens lassen sich zu unendlich vielen Formen und Konstruktionen kombinieren. Durch das helle Ahornholz und das dunklere Buchenholz wird auch der Sinn für Farben angesprochen.

Bestellnummer 1115
Ausbaumöglichkeiten:

- 1105 Baukasten 44-teilig
- 1106 Bausack 44-teilig
- 1116 Bausack 49-teilig
- 1125 Baukasten 89-teilig
- 1126 Bausack 89-teilig

andarbeit hergestellt bei
brunn Spielwaren, Hausen am Albis

Eléments assortis 49 pièces

Les 49 pièces de ces éléments assortis permettent de nombreuses combinaisons de formes et de constructions. Grâce au contraste que forment le bois d'érable clair et le bois foncé de l'hêtre, la perception des couleurs est accentuée.

Numéro de commande 1115
Possibilités d'extension:

- 1105 Elements assortis en boîte 44 pièces
- 1106 Elements assortis en sac 44 pièces
- 1116 Elements assortis en sac 49 pièces
- 1125 Elements assortis en boîte 89 pièces
- 1126 Elements assortis en sac 89 pièces

Faits à la main chez
Albisbrunn Spielwaren, Hausen am Albis

Select 7

ボーネルンドオリジナル積み木カラー

Select 8

カプラ

作品名：Ecureuil / リス
創作者：Johanna van der Bruggen
（ハナ・ブリューゲン）

作品名：Paon Bleu / 青い鳥
創作者：Johanna van der Bruggen
（ハナ・ブリューゲン）

作品名：VracNature / KAPLA バラ板
©Tom van der Bruggen

写真提供：KAPLA®
日本総代理店（有）アイ・ピー・エス

Select 5

本物のレンガのように……

コルク積木、木箱入り

「考えて行動ができる人を育てる」という教育理念を掲げる自由学園。一九三二年に同校の卒業生が設立した自由学園工芸研究所では、布製品や陶器、おもちゃなど、さまざまな日用品を扱っています。

「コルク積木」は、一九三二年以来、子どもたちに愛され続けているロングライフ製品です。材料はヨーロッパ南部から北アフリカに分布するコルク樫の樹皮を使用。コルクという材料の軽さ、丈夫さ、そして独特の感触は、触れるだけでも安心感やワクワク感があります。大きさは、四センチ前後を基尺とする積み木が多い中、それらよりも一回り大きく、八・八センチ、倍の十七・六センチを基尺とし、厚さが五センチ、重さもそれなりにあるレンガ型です。これは、遊びとはいえ、原寸大のブロックを積み上げるというリアルな体験を重視する自由学園のポリシーにのっとったもの。一、二歳児が持ち上げるのは大変かもしれませんが、背伸びしつつ、道具に少しずつ手慣れるという実感は、子どもの自信につながります。三歳くらいになったらブロックを並べて人形の椅子に見立てたり、大工さんごっこをしてみたり、よりリアルな構成遊びに発展できるようになるでしょう。ブロックの量により、化粧箱、袋入りなどもあります。

取扱い　自由学園工芸研究所
本体価格　二八、五七二円（木箱入り）

Select 6

“お片付け”も遊びの一つ

アルビスブランの積み木

製造元のアルビスブラン社はスイスのチューリッヒ郊外にあり、行動障害の傾向をもつ青少年のケア、教育、職業訓練を行なう同名の学園が母体となっています。そのため、ここで作られているおもちゃには、彼らの日常生活から得られたさまざまな経験が反映されています。

例えば、箱のフタの裏にはブロックの種類と並べ方が印刷されていて、その図を見ればきちんと収納することができます。子どもに片付けの習慣を身に付けさせる苦労話をよく聞きますが、この図のお陰で片付けも遊びの一部に取り込むことができます。木材は濃い色のブナと白いカエデの二種類。ツートンカラーの色使いを活かしながら、積み木遊びを楽しんでください。基尺は四センチ、立方体や直方体、半円など多様なブロック、計四九個がセットになっています。

取扱い　アトリエニキティキ
本体価格　一九、八〇〇円（中サイズ）

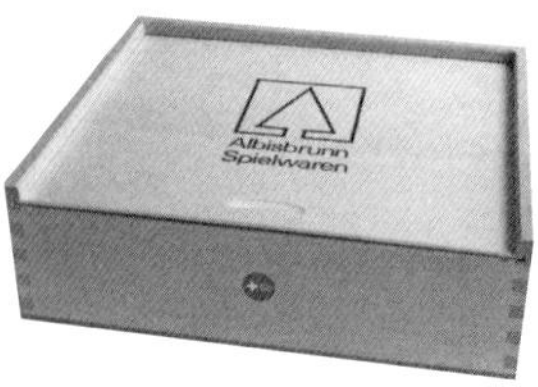

Select 7

日本生まれの定番
ボーネルンドオリジナル積み木カラー

木製積み木に多いのが生成りです。木材自体の素材感が楽しめ、色彩に影響されることなく、造形遊びに集中できるからと言われています。

「ボーネルンドオリジナル積み木」には生成りもありますが、ここではあえて色付きを取り上げました。色がもつ楽しさもまた子どもたちの想像力を膨らませ、やる気を引き出し、表現の可能性を広げてくれるからです。ボーネルンドでは、生成りの質感と色彩の魅力を融合させようと、ブナ材の美しい木目が透けて見えるナチュラルな塗装方法を独自に開発。もちろん体に無害な塗料を使用して、すべての加工は日本国内で行なわれているので安全性も問題ありません。基尺は、四・五センチ。二、三歳児には大きすぎず、小学生でも小さすぎないサイズが採用されました。形の種類も一辺四・五センチの立方体を中心に、直方体、円錐、三角錐など十三種類のブロックで構成されています。全四十三個をすべて上手に積み上げると、大きな立方体が二つできるという特徴も、ボーネルンドらしい配慮が感じられます。

取扱い　ボーネルンド
本体価格　一六、〇〇〇円（M）

Select 8

一個のブロックが生む無限の広がり
カプラ

「カプラ」というネーミングは、オランダ語の「妖精の板」に由来しています。その名の通り、二・四×十二×〇・八センチという小さな板が、無限の遊びを引き出してくれます。レンガで水道橋から教会、宮殿などの巨大建築を生み出してきたヨーロッパ文化から生まれた究極のおもちゃといえるでしょう。

素材は選び抜かれたフランス海岸松で、適度な軽さと摩擦力で自由に形を作ることができます。ブロック同士を軽く叩いたときに発する、乾いた澄んだ音は、二〇一三年三月に立命館大学音響工学研究室で「木琴と同じ波形の音」であることが実証されました。遊び方はさまざまで、レンガのように積み上げて高さを競ったり、建物や動物などの形を作ったり、一列に床に並べてドミノ遊びをしたり、触れているだけでも癒されます。一人でも遊べますが、目標を掲げて大勢で取り組めるところもカプラの魅力。そのため幼稚園や保育園のおもちゃ、ワークショップのコンテンツとしても人気があります。

取扱い　カプラジャパン
（アイ・ピー・エス）
本体価格　八、五〇〇円
（ベーシックセット
ＫＡＰＬＡ二〇〇）

KAPLA200
写真提供：KAPLA®
日本総代理店（有）アイ・ピー・エス

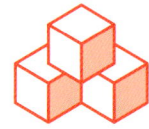

積み木

Select 9 クビコロ　基本造形セット

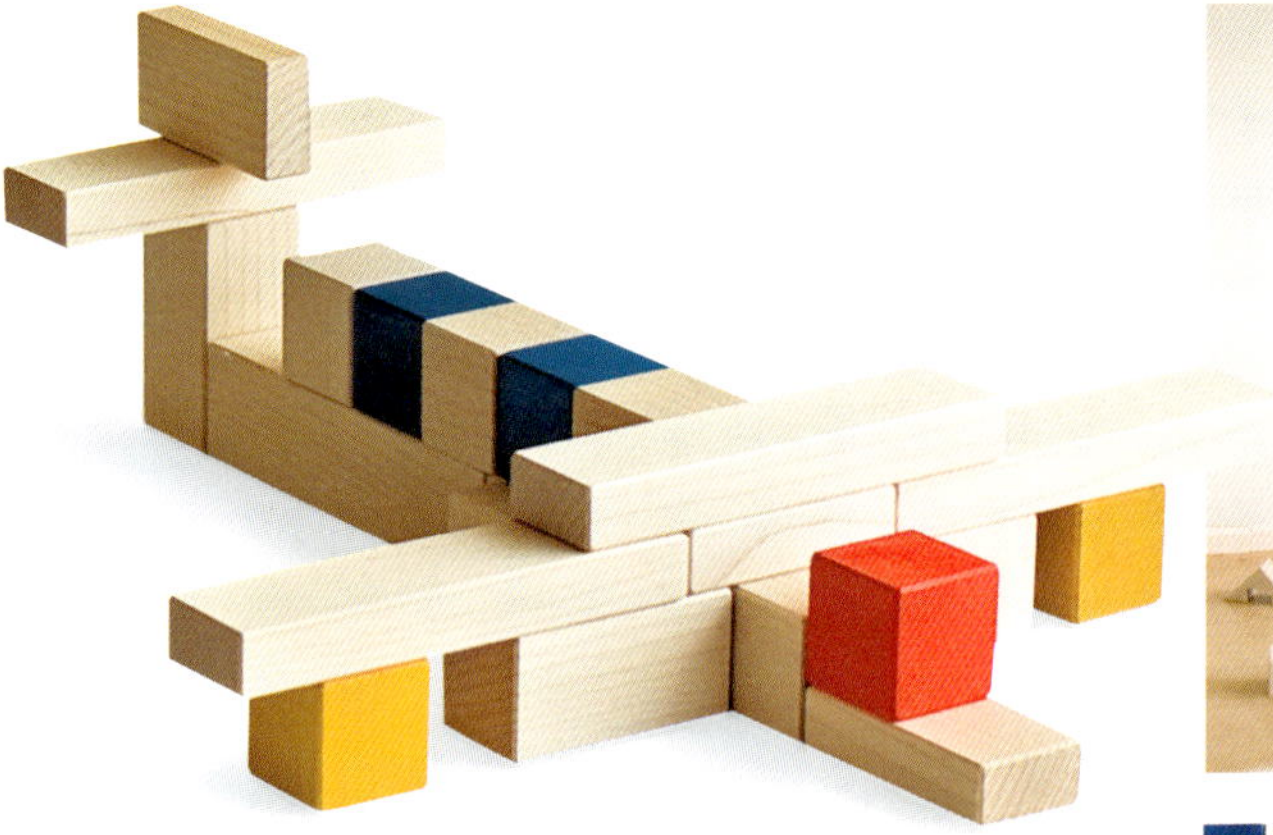

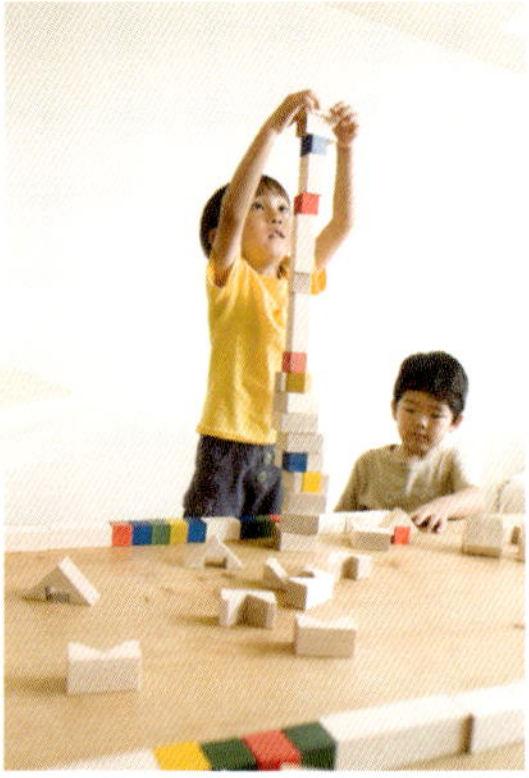

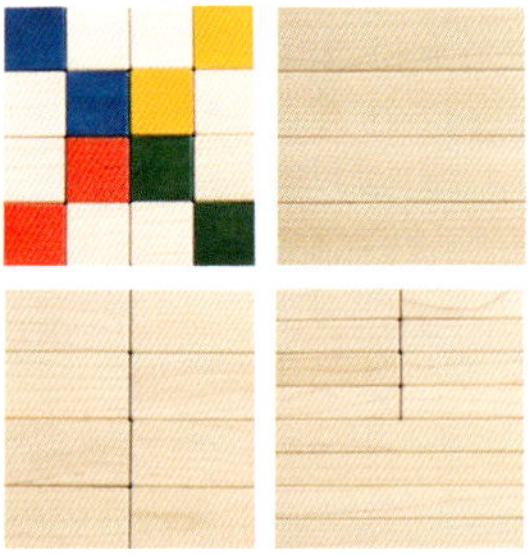

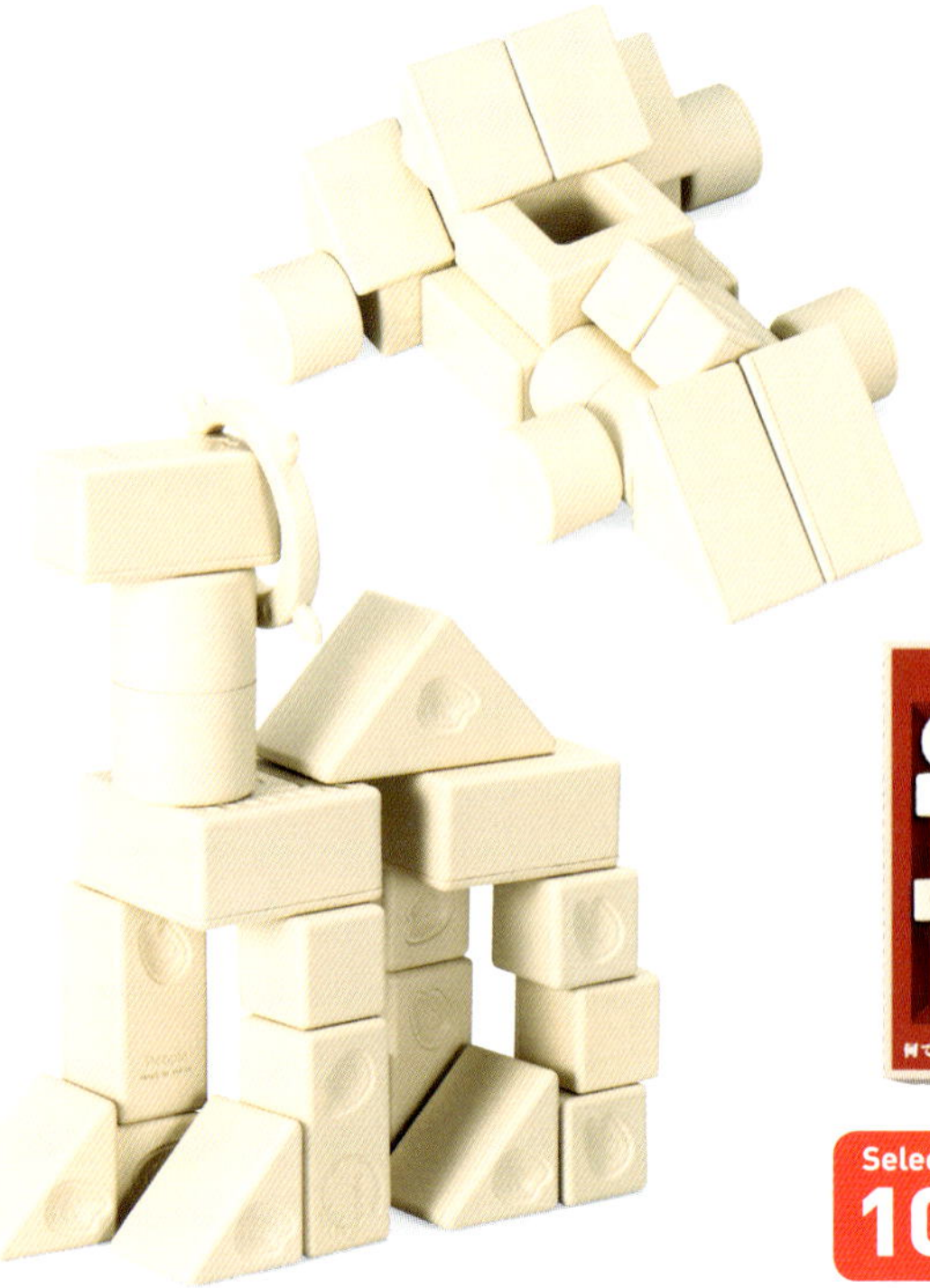

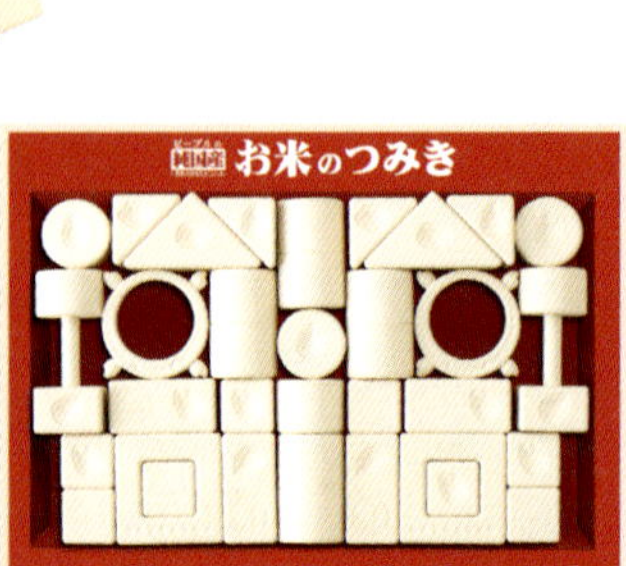

Select 10 お米のつみき

三角積み木セット

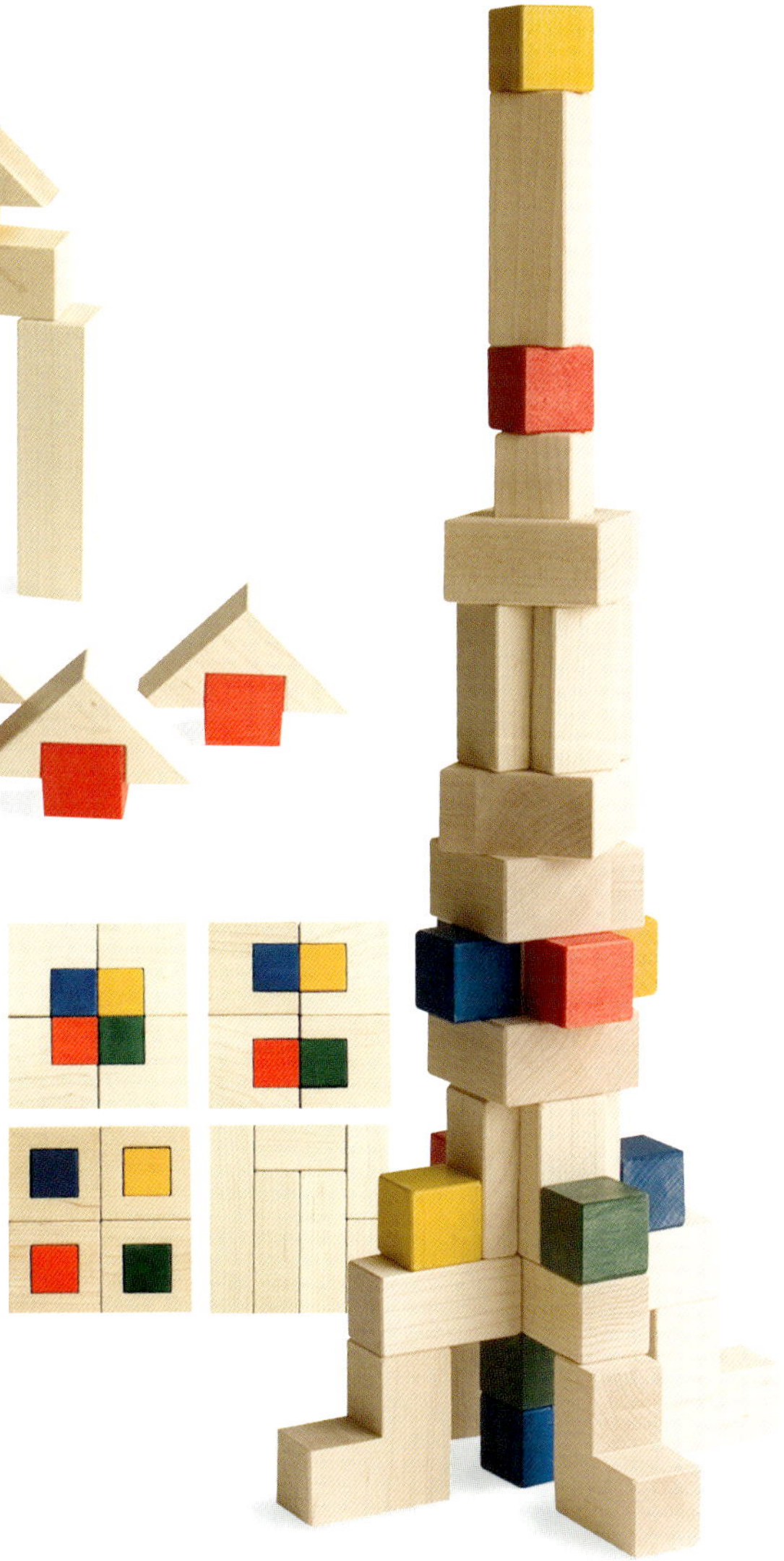

Select
11

にじのキューブ　大

四角積み木セット

Select 9

福島県南会津発の積み木
クビコロ

三センチを基尺とした積み木シリーズで、「基本造形セット」「四角積み木セット」「三角積み木セット」の三種類、それぞれ組み合わせて遊べます。

基本造形セットは三センチ角の立方体を含む五種類のブロック四〇個がセット。どのシリーズも一辺十二センチの木製箱に入っているので、お片付けの際には立方体を作って納めなければならず、最初は時間がかかってしまうかもしれません。けれども毎日繰り返すことによってよりスムースにできるようになり、幾何学への理解も深まるでしょう。南会津の職人さんによる丁寧な加工、赤、黄、緑、青の日本の風土に馴染む色彩は、まさにメイド・イン・ジャパンそのもの。四角セット、三角セットと組み合わせれば、表現の幅も広がります。製造元であるマストロ・ジェッペットの社名は、童話のピノキオを作ったジェッペット爺さんから。イタリア生まれのデザイナーと南会津の職人技術が融合した上質な積み木です。

取扱い　マストロ・ジェッペット
本体価格　一〇、四〇〇円（基本造形セット）
各一二、八〇〇円
（四角積み木セット、三角積み木セット）

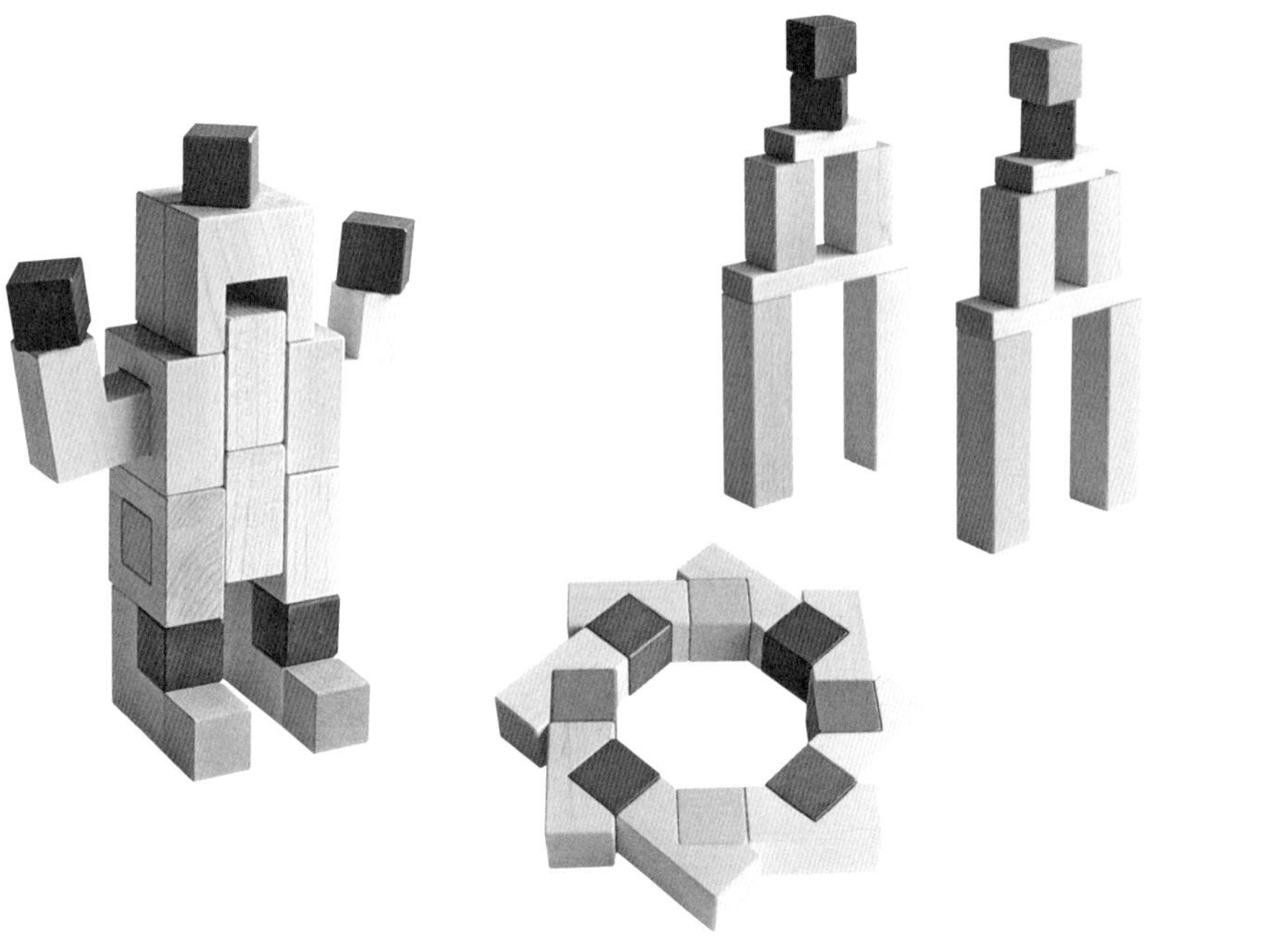

Select 10

世界初、口に入れても大丈夫
お米のつみき

子どもは何でも口に入れてしまうので、材料や作りの安全性は何よりも重要です。木製で天然塗料を使った積み木だって、もちろん安全でしょう。でも、材料がお米、それも国産の備蓄米を主材料としていると知れば、それだけで親近感が湧いてくるから不思議です。

「お米のつみき」は、ブロックの形もさまざまな工夫が施されています。例えば、お米のビーズを内蔵したアレイ型のブロックはラトルとしても使え、口の字型のブロックではそこに四角のブロックをはめたり外したりなど型合わせとしても遊べます。積み木というと、二、三歳向けのおもちゃという印象ですが、赤ちゃん向けのラトルや歯固め、型合わせからコンストラクションまで、一つでいろいろ遊び込めるというわけです。ブロックの基尺は三・五センチと四・五センチが混在、立方体、直方体、四角錐、アレイ型など計三十二ピース、お米を連想させる乳白色です。

取扱い　ピープル
本体価格　九、八〇〇円

Select 11

色彩パレットのような
にじのキューブ　大

色彩の豊富さと美しさに圧倒されてしまう、基尺四センチの積み木。赤、橙、黄、緑、青、藍、紫のレインボーカラーを中心に、黄緑、水色、白などを加えた全二〇色。特に紫から赤に至る色調の変化は、積み木というよりも絵具のような繊細さです。製造元のグリムズ社は一九八七年創業の積み木、パズルなど木製おもちゃを作るドイツのメーカー。製品の特徴は、森や原っぱに咲き乱れる草花を連想させるナチュラルで美しい色使い。日本人の美意識にも通じる色彩感覚です。面がつるつるに磨かれておらず、木の風合いを感じられることも魅力の一つ。その手触りを楽しみながら、積んだり、並べたり、リラックス効果もありそうです。子ども向きというよりも、トランプやチェスのような、一家に一つあると家族のコミュニケーションを膨らませてくれる、そんな積み木です。ブロックの数によって大、小があります。

取扱い　ブラザー・ジョルダン社
本体価格　一六、〇〇〇円

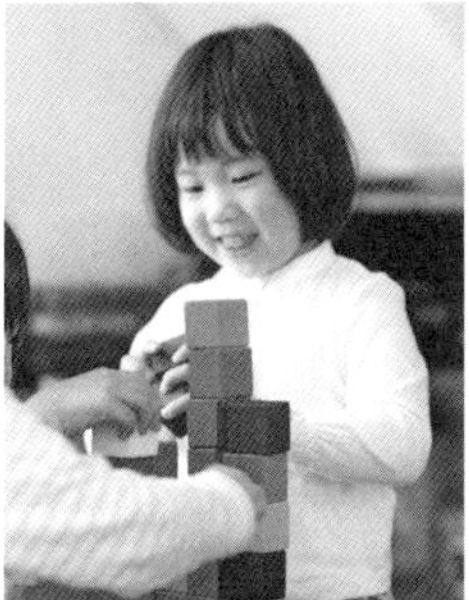

積み木

Select
12

ルミ（Lumi）
シリーズ

Select
13

ミニチュア積み木

動物たち

Select
14

組立てクーゲルバーン

遊びのレシピ 1

いろいろな積み木やブロックを組み合わせて

いろいろな積み木やブロックを組み合わせると表現の可能性がグーンと広がります。童話作家になったつもりで、世界に一つだけでのファンタジーを表現してみましょう。親子の会話も弾みますよ。

写真はボーネルンドオリジナル積み木カラー（p15）、ミニチュア積み木（p22）、ケルナースティック（p28）などで表現しました。

Select 12

光を透過する透明な積み木
ルミ（Lumi）シリーズ

木製積み木で定評のあるドイツ、デュシマ社が二〇〇八年に開発したアクリル製積み木。光を透過する半透明のブロックは、ホワイト、パステルカラー、ビタミンカラーの三シリーズ。基尺は、同社の他の積み木と同じ三分の一〇センチ（三つで一〇センチになるという意味）なので、同社の他の積み木と組み合わせて遊べます。ブロックは二十八個に、一辺一〇センチのボードが四枚。

デュシマ社の積み木といえば幼稚園や保育園の定番ですが、二〇〇六年に発売されたジュエルシリーズ（ブロックの真ん中にキラキラ輝くガラス球を入れたもの）と組み合わせることによって、積み木遊びの幅が格段に広がりました。光や輝き、透明感は子どものイマジネーションを大きく膨らませてくれます。特にルミシリーズは半透明なので、ブロックを重ねると色が交じり合って印象が変わります。窓辺で透かしたり、ライトテーブル上で遊べばファンタジーの世界が広がります。今という時代が求めた新しい積み木です。

取扱い　アトリエニキティキ
本体価格　一一、〇〇〇円

Select 13

積み木遊びをもっと楽しく
ミニチュア積み木

ブロックを高く積んだり、横に並べたりといった単純な遊びから、お家や街、乗り物や動物など具象的なものを作るようになったら、子どもが身の回りを客観的にとらえられるようになった証拠です。積み木遊びもどんどん広がり、深化します。そんなとき、人や動物、木や乗り物などの「ミニチュア積み木」があると、子どもの想像と表現は一気に広がります。

製造元のデュシマ社は一九二五年創業のドイツを代表する老舗メーカー。フレーベルの理論を取り入れた積み木シリーズは高い評価を得ています。積み木遊びを知り尽くした同社のミニチュアは、温かみのある造形と色合いで、子どものメルヘンの世界を生き生きと再現してくれるはず。また、鉛筆やクレヨンで形をなぞったり、インテリア小物としても楽しめます。ミニチュアには、写真の「動物たち」「汽車のある村」など、いろいろあります。

取扱い　アトリエニキティキ
本体価格　二、九〇〇円（動物たち）
三、二〇〇円（汽車のある村）

汽車のある村

Select 14

ヨーロッパのおもちゃの定番
組立てクーゲルバーン

ドイツのおもちゃメーカー最大手のハバ社の製品の中でも、積み木と並んで人気の高いクーゲルバーン。「玉転がし」という意味そのままに、溝や穴の開いた変形積み木を組み上げて、高所から低所へ玉を転がして遊びます。ハバ社の同シリーズは、ブナ材の素材感を活かしたシンプルで上質な作りのロングライフ製品。嬉しいことに、基本セットにプラスしてドミノ、サウンド、ボーリング、たつまき（右下）などオプションも豊富なので、少しずつ買い足して遊びを進化させていく楽しみもあります。また、先の「グランドセット」（十一頁）と基尺が同じなので組み合わせて遊ぶことができます。

クーゲルバーンは積み木の一種ですが、玉が通れるように工夫しなければならず、少しだけ複雑で思考力が必要です。でも、自分が作った道を玉がコロコロ転がりながら落ちていく様子は、「やった！」という達成感と、「もっと、もっと」というチャレンジ精神を育ててくれます。ＮＨＫの子ども番組『ピタゴラスイッチ』にも通じる楽しさです。

取扱い　ブラザー・ジョルダン社
本体価格　一八、〇〇〇円（組立てクーゲルバーン）
　　　　　八、八〇〇円（たつまきファネルセット）

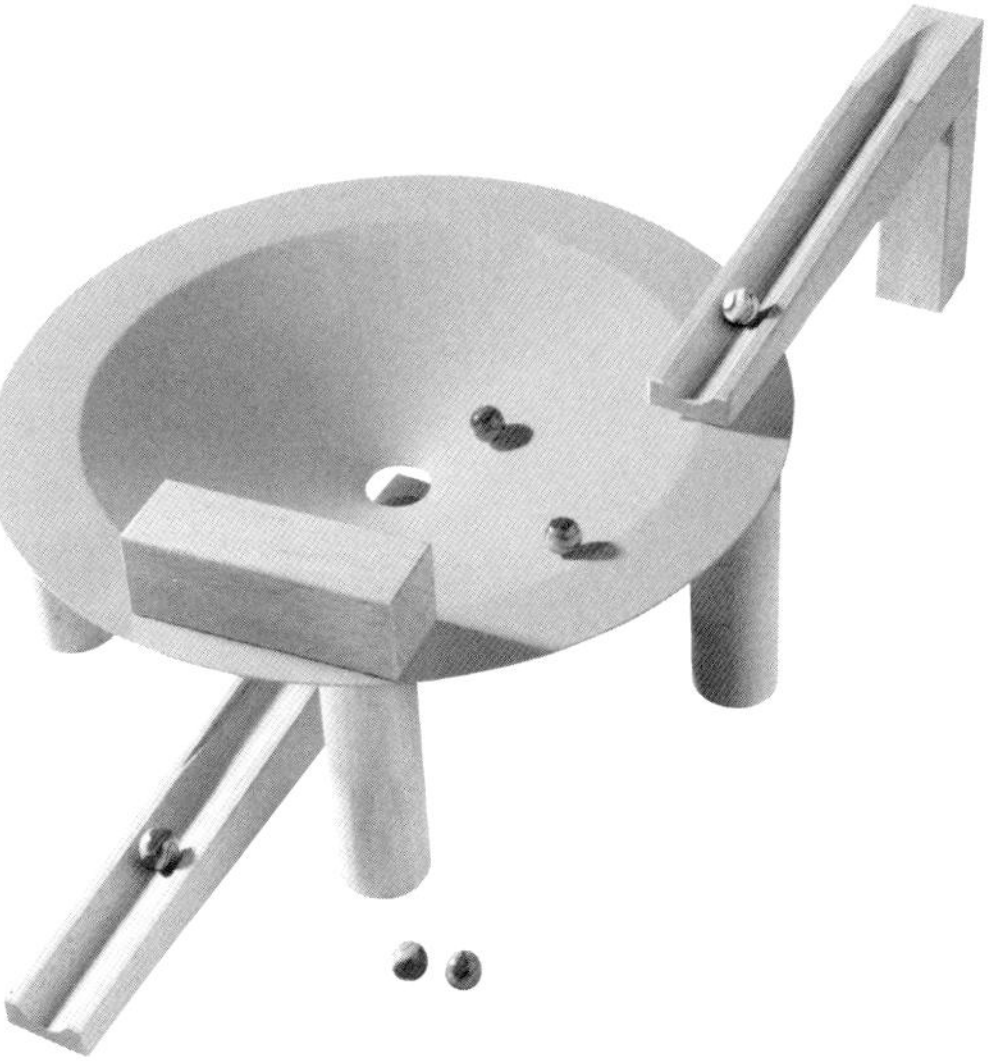

無限のコンストラクション

ブロックス

「構築＝コンストラクション」のためのおもちゃと考えれば、「積み木」と「ブロック」は同じ種類ですが、本書ではあえて分けました。積み木は、文字通り「木を積む」遊具。水平と垂直に並べたり積んだりすることが基本です。一方、「ブロック」は凹凸、噛み合わせなどのジョイント機能によって、自由な方向にパーツやブロック

を組み合わせ、さらにギアーやゴムによって動きが加わります。静的な積み木に対して、動的なブロックということもでき、表現や遊びの内容も異なります。ブロックは素材やジョイント部、組み立て方の特徴がわかったうえで遊ぶと可能性を十分に引き出すことができ、表現の幅もグーンと広がります。

例えば、ブロックには、レゴのようなレンガ状のものの他に、ジョボブロックのような面状のもの、スーパーマキシブロックのような棒状のもの、ワミーのような柔らかい繊維のようなパーツ、ズーブのような生物の骨のようなもの、カラフルギアーのようなギアー型など、今回紹介できなかったものも含めてさまざまなデザインがあります。ですから、同じ「立方体」を組み立てても、ブロックの素材や形、ジョイント方法によって世界観がまったく違ってきます。つまり、ブロックの特徴がわかってくると、遊びがどんどん深化するということです。一種類だけでなく、いろいろなブロックを組み合わせて、自由な表現に挑戦してみてください。

ブロックス

Select
1
ケルナースティック

Select
2
玉つなぎ

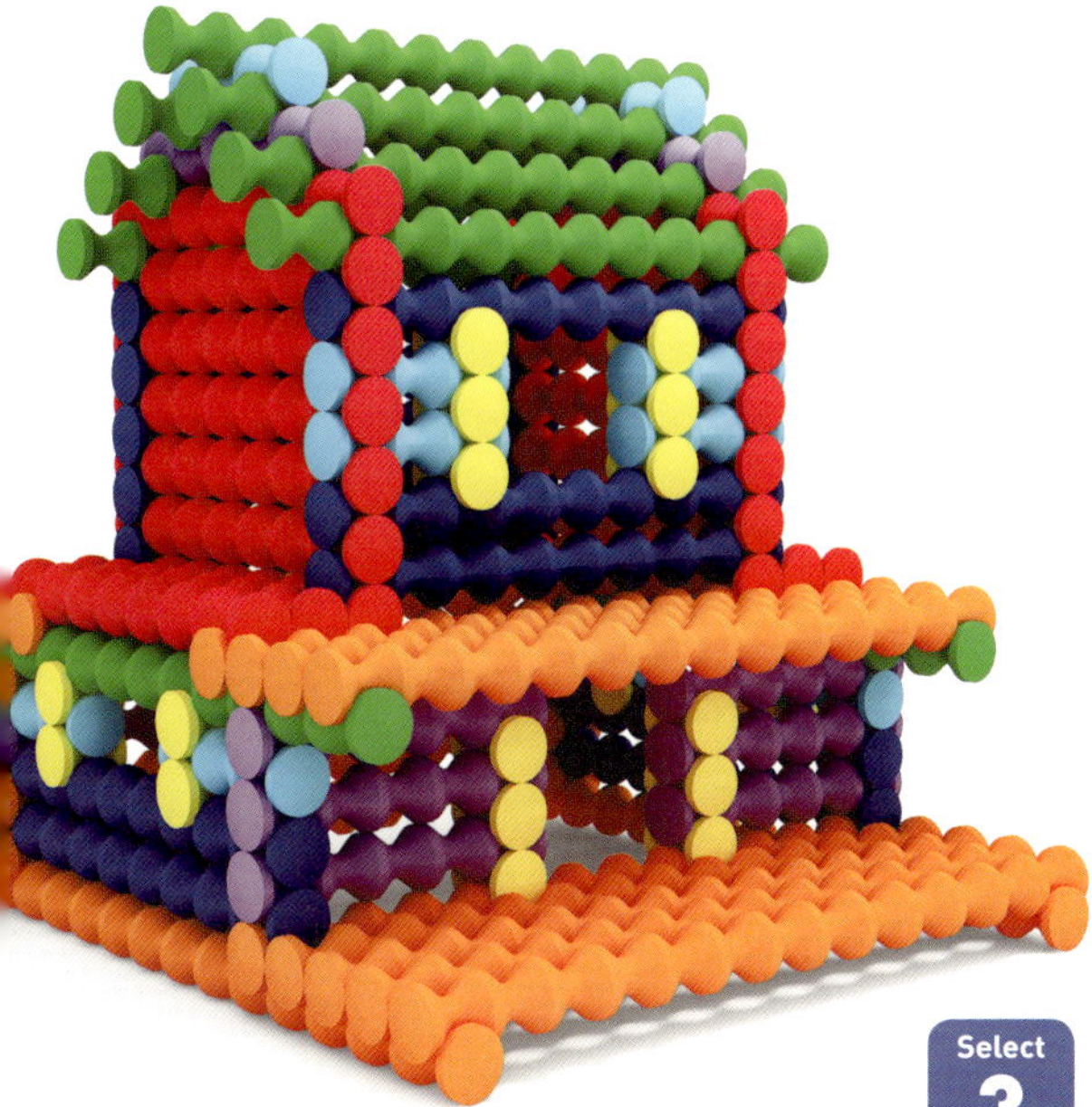

Select
3
プレイスティックス

Select 1

自分で作るお伽《とぎ》の国の物語
ケルナースティック

幾何形態が多いブロックの中にあって、「ケルナースティック」は実にユニークな存在です。四角や円柱などの基本ブロックに加え、動物の顔、車輪などの具象的なパーツがあり、それらを樹脂製の筒型ジョイントでつなぎ合わせていきます。ジョイントは可動するので、組み立てた動物や乗り物を動かして遊べます。ブロックは子どもの造形力や構成力を引き出す最強のおもちゃですが、幾何形態が多いので、作ることのできる形が抽象的になってしまい、感情移入がしづらいという側面があります。ケルナースティックは具象と抽象形のバランスがとてもよく、組み立てた後でロールプレイにスムースに移行できる優れもの。

その誕生は一九一九年。第一次世界大戦後の社会が急速に近代化した時期のドイツ、ライプチヒ。その後、旧東ドイツ時代に生産が中止されるなど、多くの試練を乗り越えて今があります。百年近い人々の想いがこもったおもちゃなのです。

取扱い　アトリエニキティキ
本体価格　一六、五〇〇円

Select 2

科学者の実験道具のような
玉つなぎ

長・中・短の三種類の木製バーと、ジョイントとなる球体、立方体、円盤がセットになったコンストラクショントイ。水平や垂直だけでなく多方向につなげることができ、まるで科学の分子モデルや抽象アートのようなユニークな造形遊びが楽しめます。可変性の高いプラスチックを素材とした個性的なブロックが多く出回る現在、懐かしいシンプルさも新鮮です。

子どもが主体的に遊ぶためには、デザインされすぎていないことが大切で、おもちゃには子ども自身が自分で考えて、工夫して埋めていく余白がもっとあっていいのではないでしょうか。「玉つなぎ」に限らず、自由学園工芸研究所のおもちゃには、ほどよい余白があります。ここが、衰えない人気の秘密のような気がしてなりません。

取扱い　自由学園工芸研究所
本体価格　二六、六六七円

Select 3

ログハウスの要領で
プレイスティックス

黄、水色、紫、赤、青、緑、橙とそれぞれ長さの違うスティックを、ログハウスを組み立てるように、縦・横交互に積み上げて形を作っていく画期的なコンストラクショントイ。凸凹でかみ合わせたり、ジョイントで固定されていないので、作ったものを動かすことはできませんが、アイデア次第でコンストラクション以外の遊びも楽しめそうです。例えば、スティックを「棒＝線」と考えて平面に並べてパターン遊びをしたり、スティックの膨らんだ部分を使って数や算数の勉強に役立てたり、ものづくりの素材と考えれば、小物入れやペン立てなどインテリア小物を作って楽しむこともできます。そして「プレイスティックス」の何よりの特徴は、縦、横、高さという空間感覚を自然に身に付けられること。まずは、アイデアブックを参考に一歩を踏み出しましょう。

取扱い　ボーネルンド
本体価格　二、六〇〇円

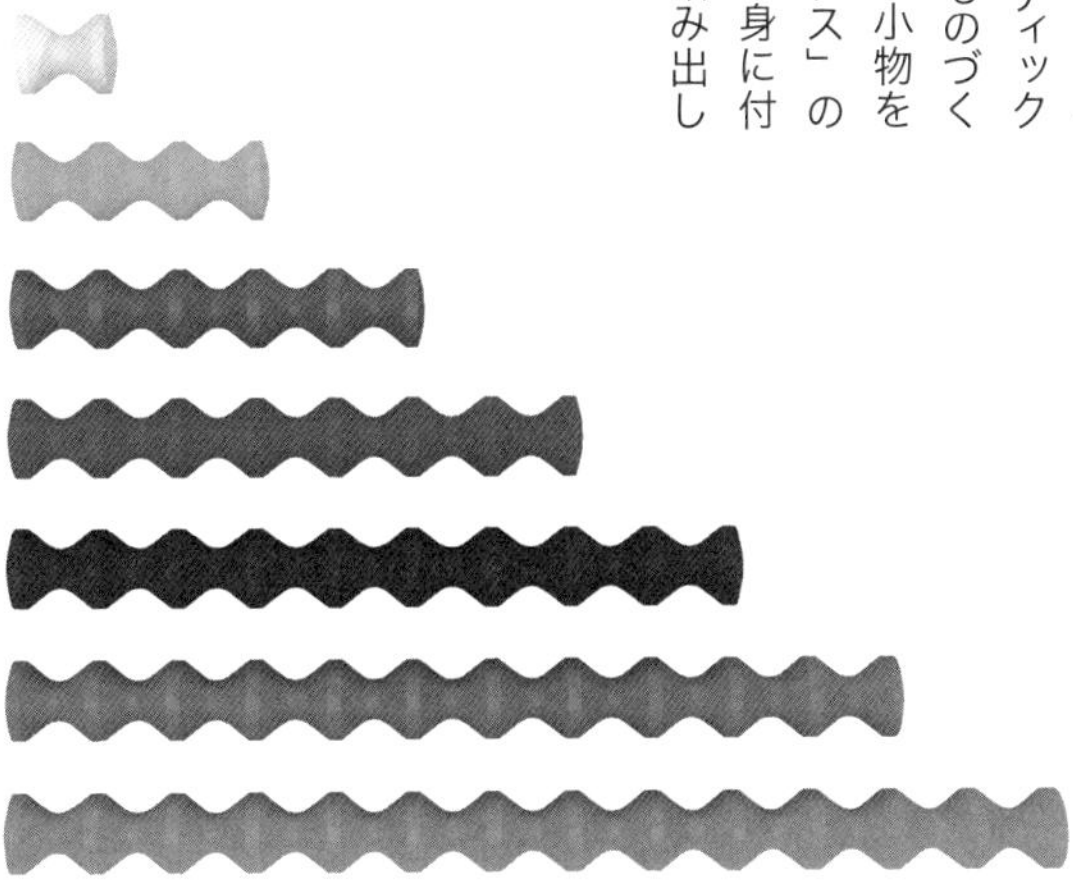

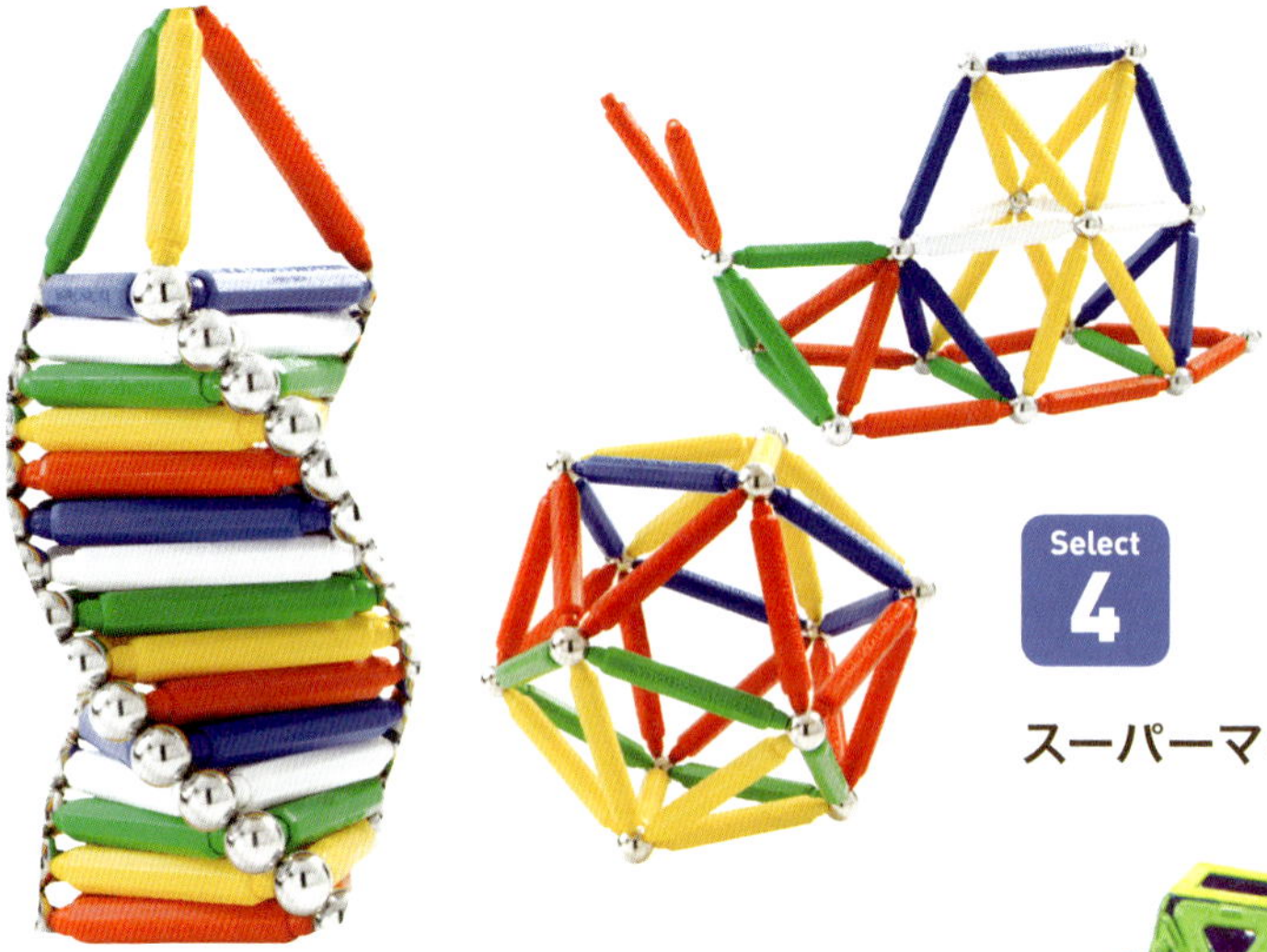

ブロックス

Select 4

スーパーマキシブロック

Select 5

マグフォーマー

Select 6

ピタゴラスプレート

遊びのレシピ 2

マグネットブロックを文具のように。

鉄にくっ付く磁石は日用品としても活かせます。手書きカレンダーの目印やお稽古や就寝時間などを確認すれば冷蔵庫が家族の伝言板に早変わりに。

写真のカレンダーはマグフォーマー（p32）などで表現。

Select 4

無限を体感できる
スーパーマキシブロック

「今までになかったブロック」として、十年ほど前に発売されるや話題をさらったコンストラクショントイ。パーツはカラフルなマグネットバー（長さ六・五センチ）と銀色のボール（直径一・二センチ）だけと、実にシンプル。タワーや橋などの建築物から多面体などの幾何構造まで、いろいろ造形できます。また、磁力でジョイントするので可動性があり、バーを中心にコマのように回転させたり、ひねったり押しつぶしたりできることが特徴です。発売当時はこのような高度な構造物が作れるということで、アートスクールや建築科の学生などの教材としても活かされ、子どもから大人まで親しまれていましたが、一時期製造が中止されていました。

「スーパーマキシブロック」は、マグネットバーを当初より長くして再生産されたもので、子どもに扱いやすくなりました。三角錐、立方体、多面体などなど、親子で楽しみながら算数のお勉強もできそうです。商品はパーツの数量によって価格が異なります。

取扱い　ボーネルンド
本体価格　三、〇〇〇円（五〇パーツ）
　　　　　五、七〇〇円（一〇〇パーツ）

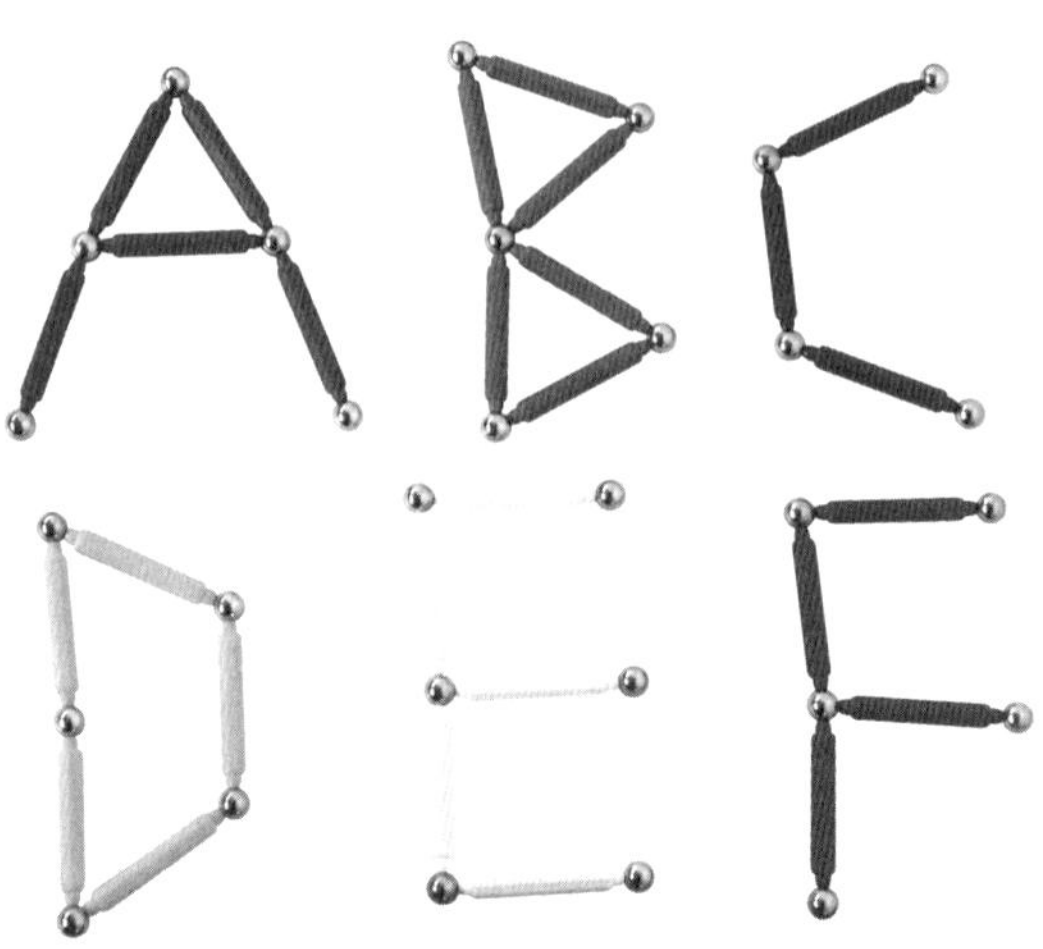

Select 5

磁石内蔵のパーツで遊ぶ
マグフォーマー

磁石を使ったブロックの成功は、その後さまざまなおもちゃを生み出す原動力となりました。「マグフォーマー」もその一つ。先のスーパーマキシブロックがマグネットバーとボール、つまり「直線」と「点」で構成していくのに対して、マグフォーマーは四角形、三角形、五角形など「面」で形を作る遊びです。両者とも遊びながら平面や立体、幾何学について学べるという点は共通していますが、パーツの形や性質、組み立て原理の違いによって遊び方が大きく違うので、その性質を見極めることが大切です。

マグフォーマーは、ブロックの各辺に筒状の磁石が埋め込まれているので、どの方向からもスムースにくっ付き、ジョイント部分を軸に回転させることもできます。カラフルで透明なブロックはデザインとしても魅力的です。

取扱い　ボーネルンド
本体価格　六、六〇〇～二八、〇〇〇円（パーツの数、種類による）

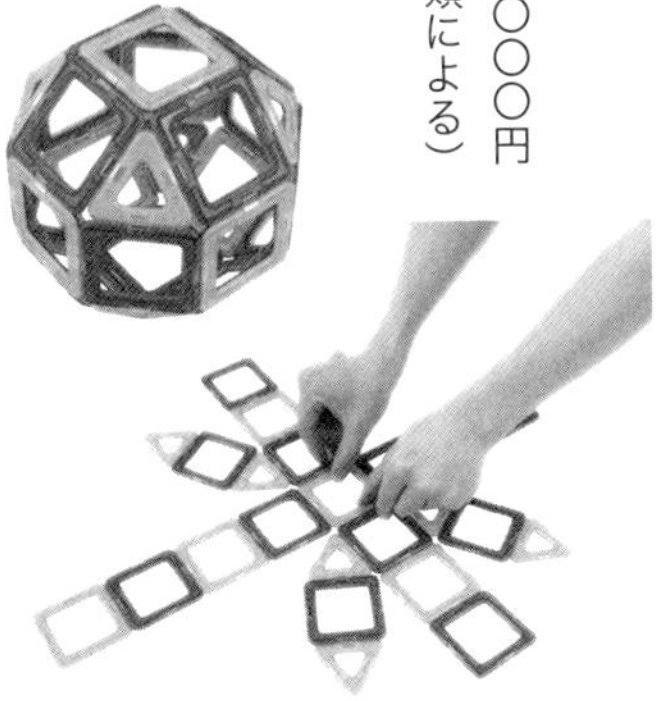

Select 6

遊んで学べる
ピタゴラスプレート

バーとボール（線と点）で構成する「スーパーマキシブロック」、フレーム（真ん中が空いている）で造形する「マグフォーマー」、プレート（面）で形作る「ピタゴラスプレート」は、いずれもジョイント方法は磁石なのですが、遊び方は違っています。

幾何学の基礎を築いた古代ギリシアの数学者ピタゴラスにちなんで命名されたピタゴラスプレートのパーツは、大小の四角形を中心に三角形（三種類）など十種類、六十四個。豊富なパーツを上手にジョイントさせていくと幾何形態から動物などの具象物までいろいろな形を作ることができます。磁力もそれほど強くないので、握力の弱い幼児もストレスなく遊べます。立体を作るだけでなく、冷蔵庫の扉（鉄製パネル）などにくっ付けてパターン遊びも楽しめます。遊びながら図形に親しんでいれば、小学校の算数も怖くありません。メーカーでは、プレートの他に積み木タイプも作っています。

取扱い　ピープル
本体価格　一二、〇〇〇円

ブロックス

Select 7 ちぎり

Select 8 きぐみ

Select 9 くで

Select 10 もくロック

Select 789

日本の伝統工法を再現した

ちぎり、きぐみ、くで

「ちぎり」「きぐみ」「くで」は、日本建築の伝統的な技術を取り込んだ実験性の高いコンストラクショントイ。ブナ材を一つひとつ丁寧に加工しているために価格は高めですが、遊びながら日本の文化や技術のすばらしさに触れ、ものづくりの楽しさを知るきっかけにもなるでしょう。大人にとっても木材加工に対する知恵の深さを体感できる機会になるはずです。

ちぎりは、「契り」という楔《くさび》を使って、板の割れを防いだり、板と板をつなぐ伝統技術を応用したもの。一辺四センチのブナ材の立方体の本体に、ウォールナット材の蝶の形をしたブロックをはめ込みながら組み上げていきます。

きぐみは、「木組み」という釘を使わずに木材を組み合わせる伝統工法を再現したもの。木組みの技は現在でも百種類以上が伝わっていて、木と木を組み合わせることによって木の軽さと強さを最大限に引き出し、より強靭な建物を造ることができるのです。千年以上も存在し続けている日本建築の秘密はここにあります。きぐみは二つの対のブロックをはめると、六個の立方体になります。構成遊びだけでなく、立体パズルとしても楽しめます。

くでは二本の木の両方を欠き込んで組み合わせることによって、縦にも横にもずれなくなり、しっかりと噛み合わせる「組手」という技を取り込んだもの。切り込みの入った直径四・五センチの八角形のパーツを組み立てて遊びます。ギアーのようなパーツは、ブナとウォールナットを貼り合わせた手の込んだもの。木の性質を知り抜いて精緻に加工し、建造物を造っていた日本人の技術力と美意識の高さを再確認できる、貴重な遊具です。

取扱い　アトリエ倭（やまと）
本体価格　二二、〇〇〇円（ちぎり）
一八、〇〇〇円（きぐみ）
四、〇〇〇円（くで）

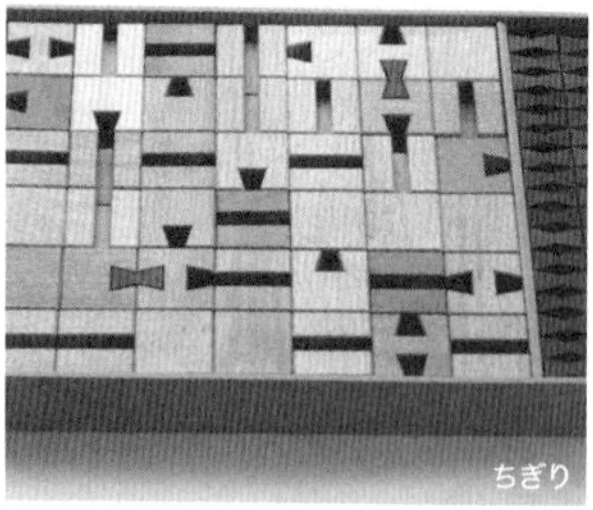
ちぎり

きぐみ

Select 10

日本原産の木材から生まれた もくロック

銀座のあるショップで偶然出会った「もくロック」。「木目をあしらった新しいブロックか？」という軽い気持ちで手に取ってみると、まさしく本物の木材でできたブロック！　まずはその精緻な作りと美しさに感動したものです。プラスチック製のブロックは大量生産できますが、「もくロック」は、「自然の力でしか表現できない温もりや香りを、わかりやすくお届けしたい」という情熱から、一つひとつを木材から削り出すという手間ひまをかけて作られています。

材料となる木材は山形県に自生するサクラ、ホオ、イタヤカエデ、シデ、カバなどで、間伐材やチップ材を中心とした木材。日本各地には地場産業として間伐材を使った木製おもちゃの産地やメーカーが数多くありますが、もくロックはプロダクトとしても画期的です。木製なのでインテリアとしてもなじみやすく、家族や友だちと遊びながら生活雑貨やアートオブジェの制作、最近人気のDIY（Do it yourself）の素材としての可能性を感じます。ブロックの大きさは、三十二×十六×十三ミリ。日本人の物へのこだわりから生まれたブロックとして、着実に育ってほしいおもちゃの一つです。

取扱い　ニューテックシンセイ
本体価格　一〇、〇〇〇円（ギフトセット一二〇ピース）

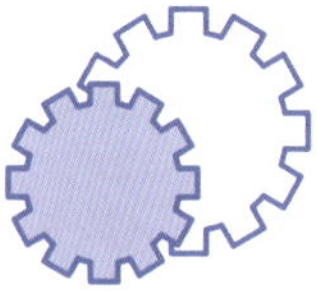

Select 11 ジョボブロック

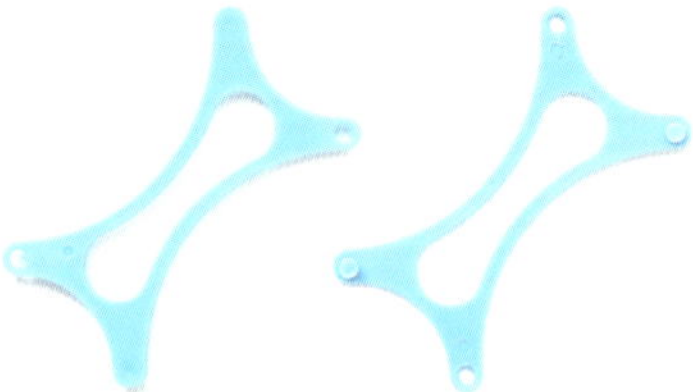

Select 12 ワミー

Select 13 エフパズル

遊びのレシピ 3

ブロックで生活雑貨を作ろう！

ブロックは DIY(自分で作ろう) の材料としても最高です。いろいろ工夫して、ペン立てや小物入れなど自分だけの雑貨を作ってみましょう。

写真はもくロック（p37）で作ったペン立てとボーフィックスマスター 50（p44）の飾り棚です。

Select 11

デンマーク生まれ
ジョボブロック

三角形、正方形、五角形の三種類と黒、白、赤、青、黄、緑色のプレートで、パーツ同士をパチッとはめながら、平面から立体の造形遊びができるコンストラクショントイ。三種類のパーツでいろいろな形が作れるようになったら、配色も考えると完成品のデザイン性がグッと高まります。

ブロックなどのコンストラクション系おもちゃの楽しさは、単に形を作って壊すというだけでなく、アイデア次第で作ったものを生活用品として取り込めること。「ジョボブロック」も平面に並べてコースターやランチョンマットに、箱型や筒状に組み立てて小物入れやペン立てに、ティッシュペーパーケースやフルーツボウルなども手軽に作れます。親子でアイデアを出し合った生活雑貨で、日常もハッピーになりそう。素材も丈夫で長く遊べます。パーツの数によって価格が異なります。

取扱い　レディーバード
本体価格　六、〇〇〇円（ジョボシステム一五〇ピース）

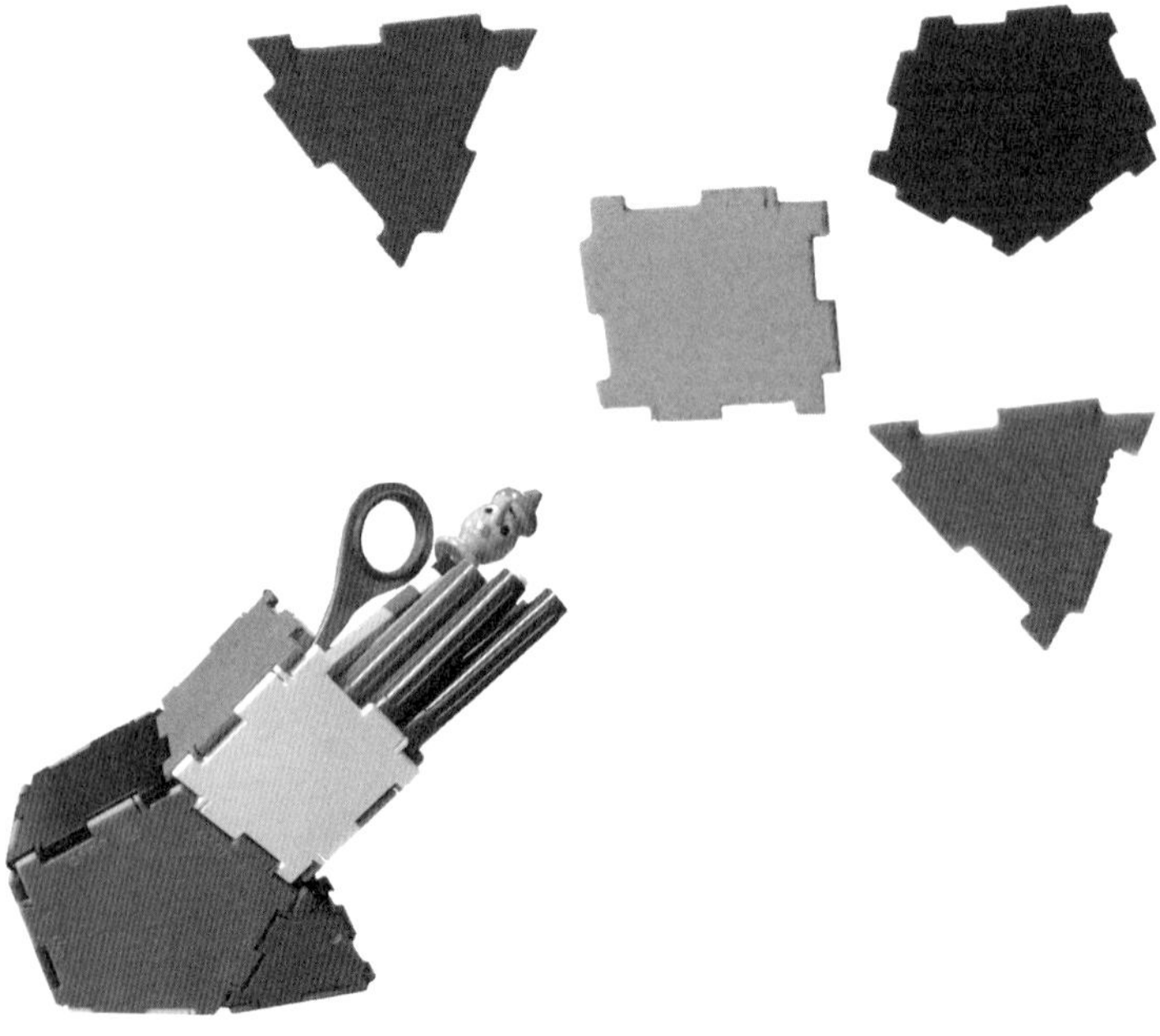

Select 12

レゴを超える？
日本生まれのワミー

ブロックおもちゃの王様といえばやはり「レゴ」でしょう。レゴのベースは、レンガを一つひとつ積み上げるヨーロッパの建築文化にあります。今でこそいろいろなオプションが発売されていますが、基本は直線的な建物などの構造物を積み上げるのに適した「剛のブロック」といえます。

一方、「ワミー」は木材や紙、土などから造られた日本建築の軽快さを思わせる「柔のブロック」と言えそうです。遊び方もレゴのように塊を積むのでなく、紐を編んでいくイメージなので手芸感覚で構成遊びが楽しめます。ブロック遊びというと男の子の遊びの印象がありますが、ワミーはそんな先入観を一新して女の子にも大人気。ポリエチレン製の四隅に穴と突起のジョイントのあるパーツをつなげるだけ。それが一本の糸のようにどんな形でも作ってしまいます。女の子たちはワミーを使ってバッグや髪飾りなどを作って、二次的な楽しみも満喫しています。

取扱い　コクヨS&T
本体価格　二、〇〇〇円
（ベーシック、一〇〇ピース入り）

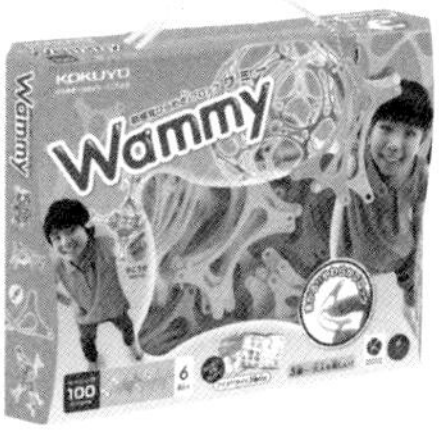

Select 13

フェルトでできたパズル
エフパズル

フェルトは子どもにもなじみやすいクラフト素材。石鹸水や特殊な針を使って羊毛からフェルトの生地を作って、アクセサリーやポーチに仕立てるという遊びはよく知られています。けれども、中央に切り込みを入れる「手網こんにゃく」から発想した、切り込みの入ったフェルト地をパズルのように構成して遊ぶというアイデアは、この「エフパズル」に出会うまで思いもよりませんでした。ウェッブにあるように「フェルトだから紙より強く、布よりしっかりしてプラスチックにはないほっこり感があります」……確かにそうです。

近年、ファストファッションが拡大する一方で、手芸などの手作りの良さも見直されつつあります。エフパズルははさみで切ったり、糸で縫ったりしなくても、つなぎ方次第で身のまわりのいろいろなものを作ることができます。構成遊びと手芸の楽しさが融合した新しい布パズルの登場です。パズルは正方形（一辺五センチ）と六角形（一辺二センチ）の二種類です。素材も製造もすべてメイド・イン・ジャパンです。

取扱い　エフパズル
本体価格　三、二〇〇円
（正方形十三色、一二〇枚）
三、二〇〇円
（六角形十三色、一四四枚）

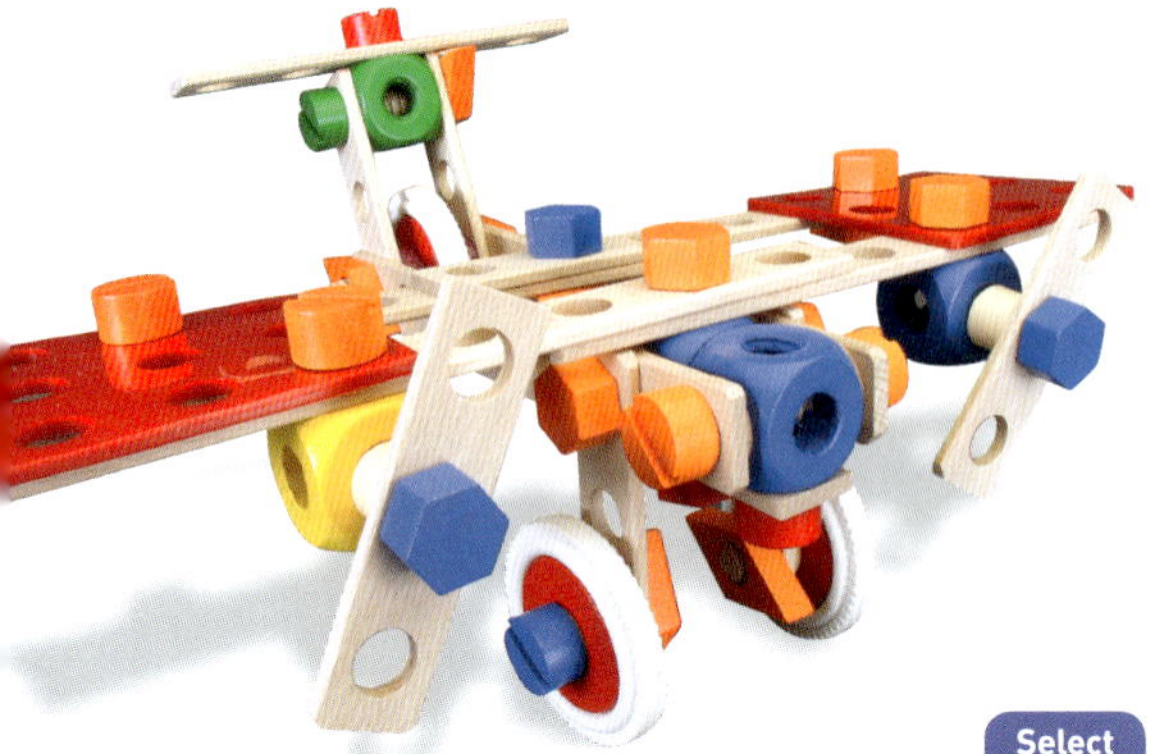

Select 14 ボーフィックスマスター 50

Select 15 ズーブ

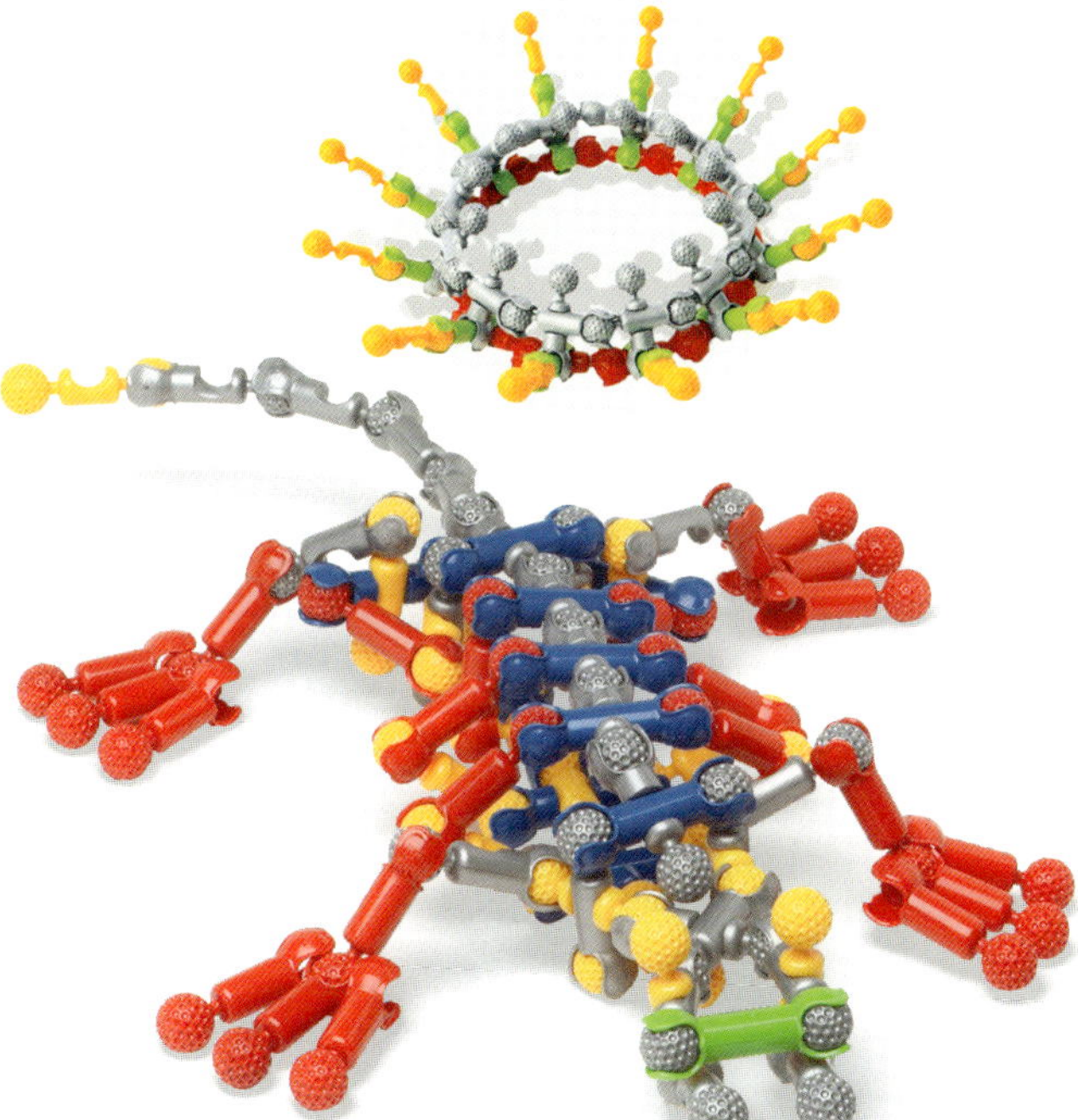

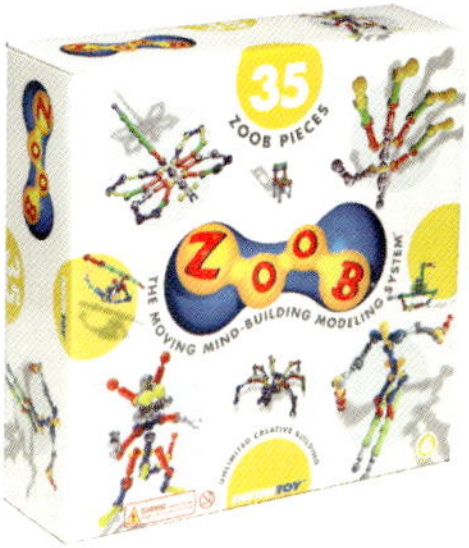

Select 16 カラフルギアー

Select 14

ネジを使った構成おもちゃ

ボーフィックスマスター五〇

「ボーフィックスマスター五〇」の特徴は、ドライバーやスパナといった工具と、穴のあいた数種類のパーツをネジやボルト、ナットを使って組み立てていくという遊び方。工具を使って大工さんごっこと構成遊びが同時にできるわけです。素材はブナやカエデ。生成りに加えて、赤、黄、青、緑に彩色されたパーツはデザイン性にも優れています。何かを組み立てることが難しくても、ドライバーやスパナ、ボルトやナットを扱うだけでも十分に楽しめ、遊びながら目と指の協応動作や指先の巧緻性を高められる優れもの。ボーフィックスマスター五〇は、歯車やタイヤ、クレーンなどのパーツも入っているので、ヘリコプターやクレーン車などの乗り物を作って、実際に動かして遊ぶことができます。

取扱い　レディーバード

本体価格　二七、三〇〇円

Select 15

生き物の骨のような……

ズーブ

欧米をはじめ世界中の優れたおもちゃの紹介で知られるボーネルンドには、モダンでデザイン性に優れたブロックおもちゃが多数揃っています。生物の骨や関節のようなジョイントが特徴の「ズーブ」もその一つ。五種類のブロックは生物の骨のようなユニークな形。凸凹の形状をゆっくり観察してから一つずつはめて、どんなふうに動くかを理解することが遊びの第一歩。建物や多面体のような形はもちろん、動物や昆虫のような生物、ロボットや乗り物など動かせるものを組み立てることに適しています。作った動物やロボットを動かして、ロールプレイに発展できることが大きな魅力です。価格もリーズナブルなので、たくさんのパーツを使って大作に挑んでみては？　ブロックには、素材や形だけでなく、組み立ての原理もいろいろあるので、それらの性質を十分理解してからお求めいただくことをお勧めします。

取扱い　ボーネルンド

本体価格　一、三〇〇（三五ピース）～

六、六〇〇円（二五〇ピース）

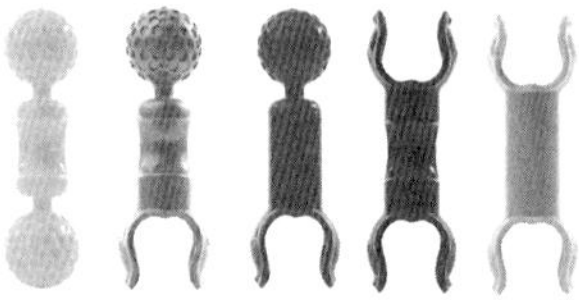

Select 16

イタリアンアートのような カラフルギアー

積み木と比べてブロックは形も素材も遊び方も実に多様で、ユニークなデザインが多いのですが、中でもこの「カラフルギアー」は群を抜いています。まず白いブロックでベースを作り、そこに歯車が噛み合うように大小さまざまなギアーブロックをはめていきます。気に入った形ができたところでハンドルを付けて回すと、ギアーがくるくると回転します。上から眺めると、まるでドレスを着た貴婦人が踊っているような美しい動きを見せてくれます。このようにカラフルギアーは組み立てと動かすことの両方を楽しめるブロック遊具なのです。

販売元のボーネルンドでは自社が展開する屋内遊び場で、土台となるボードを壁に取り付けて、そこにギアーブロックをはめるという壁画コーナー（写真）を設けて人気を集めています。ギアーの上にミニチュアの人形や動物を置いて回転させてみれば、メリーゴーランドのようで楽しいかもしれません。子どもは動くユニークな仕掛けが大好きなので、飽きることなく遊び続けるでしょう。

取扱い　ボーネルンド
本体価格　三、五〇〇円

遊びのレシピ 4

ブロックでパーティを楽しく演出

いろいろなブロックを使って、遊び心満載のテーブルコーディネイトはいかが？　おもちゃがクリスマスや誕生会をもっと楽しく演出してくれますよ。皆でアイデアを出し合ってパーティの準備をする時間は、かけがえのない家族の思い出になるはずです。

写真はジョボブロック（p40）のボウル、プレイスティックス（p29）のナプキン立て、カラフルギアー（p45）やマグフォーマー（p32）のお菓子立て、エフパズル（p40）のツリーと背景のオーナメントなどでパーティを演出。

遊びながら生活を豊かに

アート&クラフト

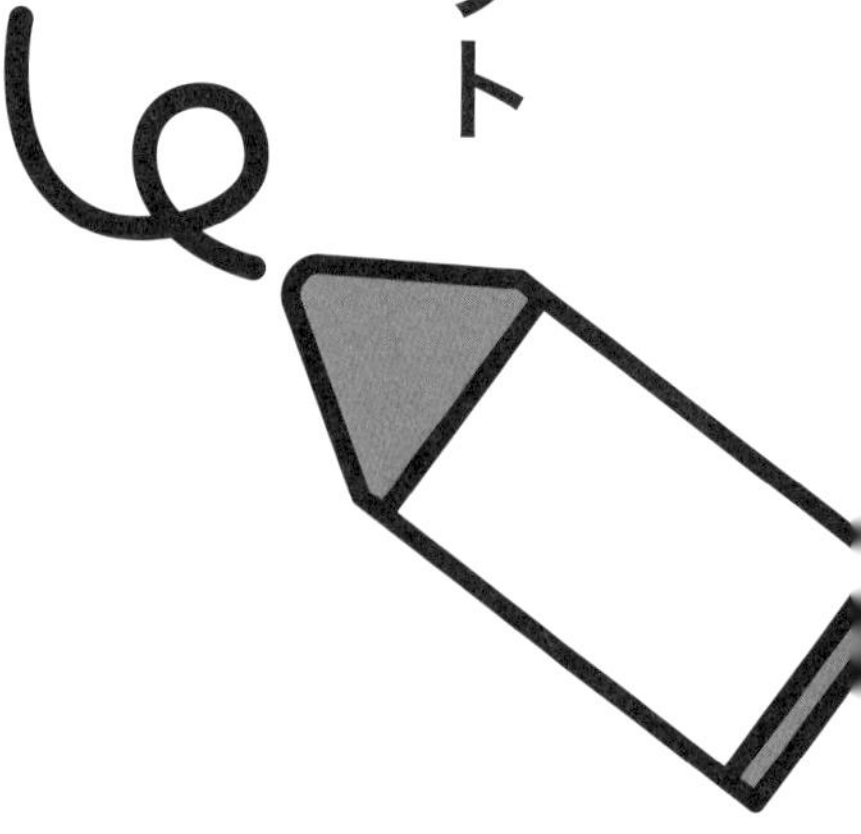

　おもちゃがこれほど豊かではなかった頃、子どもは身の周りにあるものをおもちゃ代わりにして遊んでいました。当時は、どこの家庭にも包装紙、布切れ、空き箱、リボン、木片、針金や釘、缶などがあって、はさみやナイフで切ったりノリやセロテープでくっ付けて、何かを完成させることよりも、行為そのものを楽しんでいたように思います。今は以前よりもよほど贅沢な包装紙やパッケージがあるのに、それらは遊びの材料として再利用されることなく捨てられています。残念

であり、もったいない話です。

さて、話は変わりますが、最近、幼児教育の世界で「巧緻性」という言葉をよく耳にします。言い換えれば「手先の器用さ」ということですが、脳科学が進んだ現在、巧緻性と知能の発達には密接な関連があると言われ、お受験に欠かせない要素になっているようです。

私はお受験対策というよりも、自己表現の一つとしてクラフト遊びに注目しています。小さい頃から手芸や工作、クラフトなどものづくりに親しむことは、文化大国フランスで言われる「art de vivre =アートのある生活」、つまり美しい生活のセンスを磨き、日常の喜びを見出すことにつながります。身の周りから使えそうないろいろな材料を発見し、自分流に組み合わせて新しい価値を見出していく……。デザインの世界では「アップサイクル= upcycle」という言葉もありますが、遊びながら「生活をよりよくする術を知ること」ができるとしたら、何てすてきなことなのでしょう。ここではそんなきっかけを作ってくれるおもちゃと遊びをご紹介します。

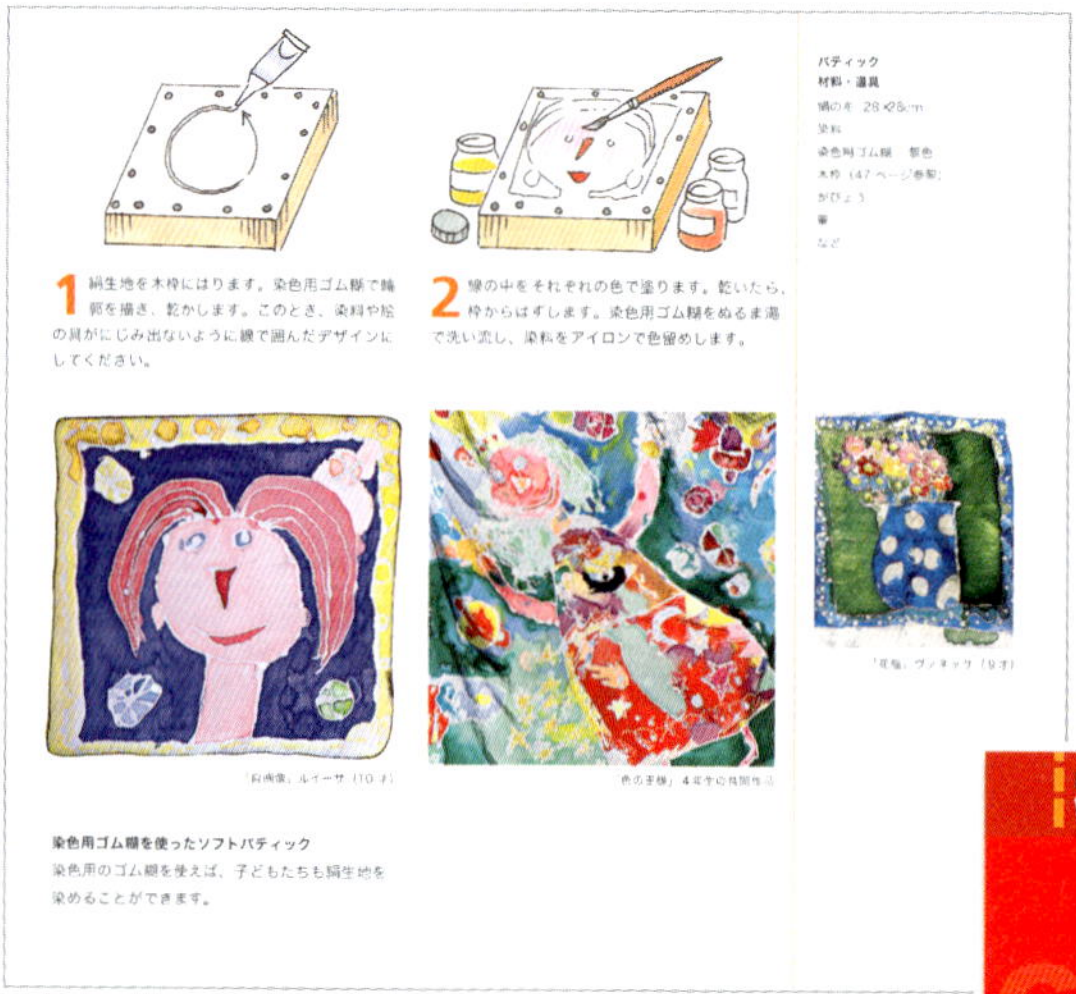

バティック
材料・道具
絹の布 28×28cm
染料
染色用ゴム糊 墨色
木枠（47ページ参照）
がびょう
筆
など

1 絹生地を木枠にはります。染色用ゴム糊で輪郭を描き、乾かします。このとき、染料や絵の具がにじみ出ないように線で囲んだデザインにしてください。

2 線の中をそれぞれの色で塗ります。乾いたら、枠からはずします。染色用ゴム糊をぬるま湯で洗い流し、染料をアイロンで色留めします。

「自画像」ルイーサ（10才）

「色の王様」4年生の共同作品

「花瓶」ヴァネッサ（9才）

染色用ゴム糊を使ったソフトバティック

染色用のゴム糊を使えば、子どもたちも絹生地を染めることができます。

Select
1

ミヒャルスキィ夫妻の手作り工作絵本

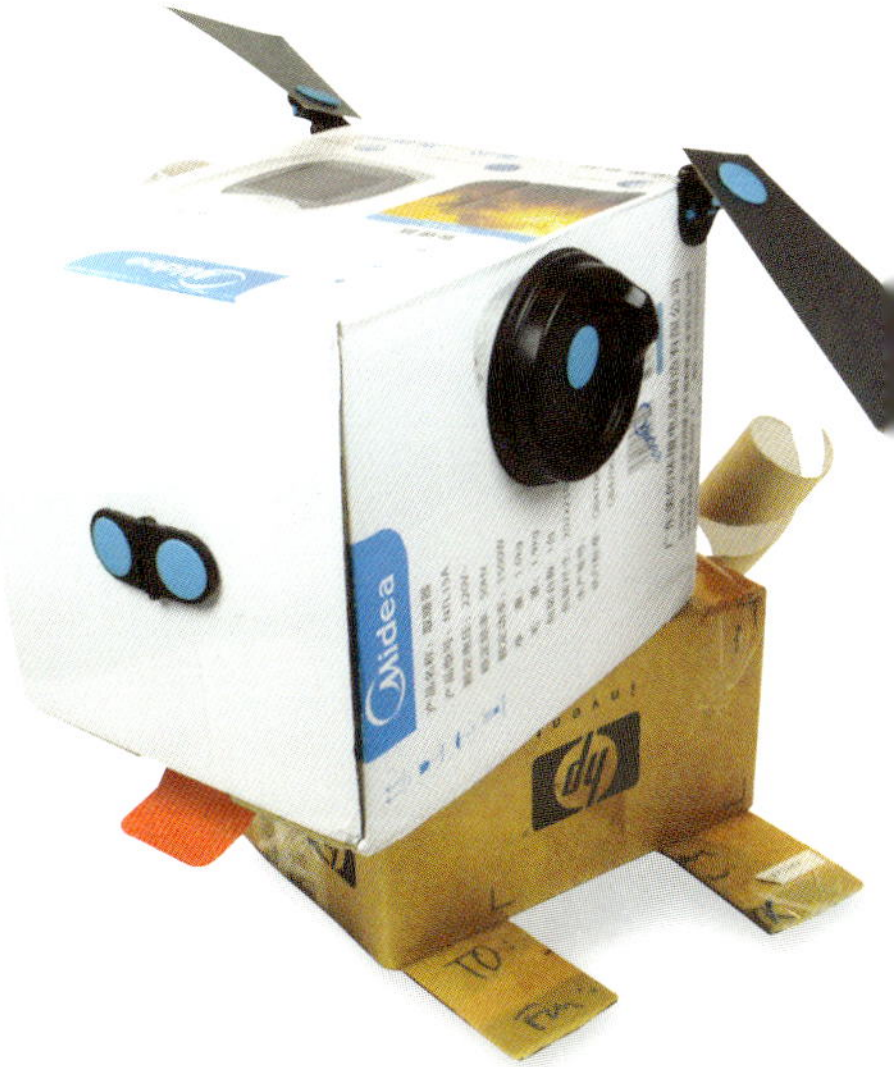

Select 2 メイクドゥ

Select 1

ファンタジーがいっぱい詰まった
ミヒャルスキィ夫妻の手作り工作絵本

おもちゃが今のようにたくさんなかった頃、子どもは家にある空き箱や包装紙、木片などあり合わせの材料を上手に組み合わせて遊んだものです。そう、何かを作り出すことが最高の遊びでした。

『工作絵本』は、ドイツ人のアーティスト夫妻が、お絵描きや工作、木工などの材料や手順をわかりやすいイラストと美しい作品例で説明する、まさに「遊びと工作の図鑑」。そのどれもが個性的で魅力的、眺めているだけで微笑んでしまいます。小さい頃から競争社会に組み込まれている現代の子どもにとって、工作やお絵描きは、勝敗や優劣とは関係のない世界。自由に自己表現できて、作品を部屋に飾って眺めたり、親が褒めてくれるなどの些細なことで得られる満足感が、子どもの心の成長を後押しし、自尊感情を育むことにつながることでしょう。工作絵本は「工作教室」「お絵かきと工作」「木工教室」の三部作。ちょっとした工夫とこだわりで普段の工作が見違えるほどの作品に。ぜひ、親子でチャレンジしてほしいものです。

取扱い　アトリエニキティキ
各本体価格　二、八〇〇円

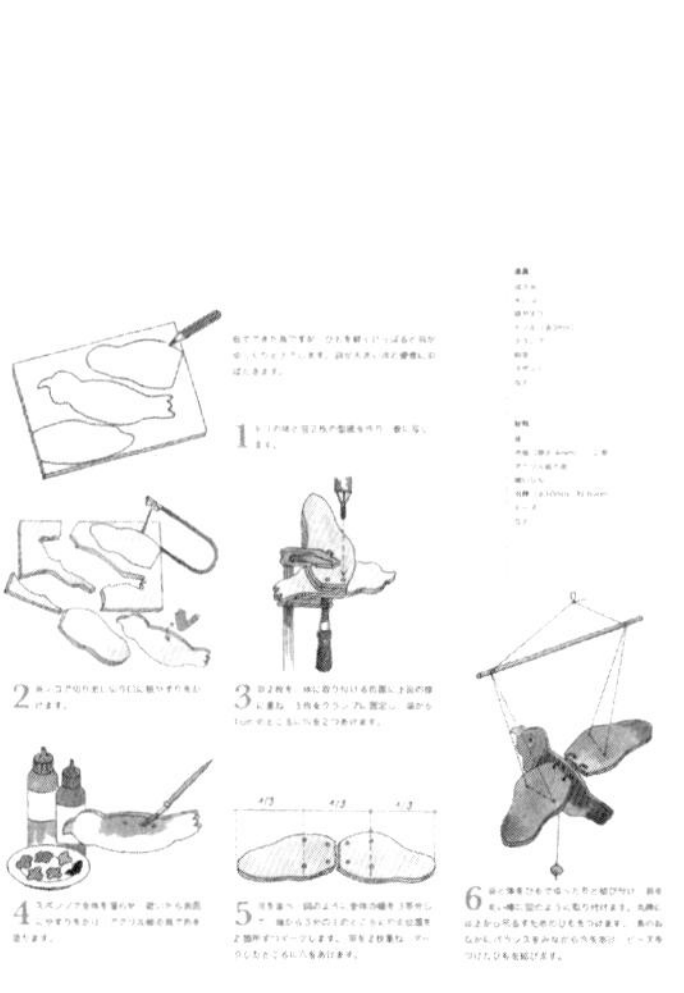

Select 2

DIY(Do it yourself)ならぬ
メイクドゥ makedo

「メイクドゥ」に初めて出会ったとき、「これだ！」と感じました。工作は材料をくっ付けたりつなげたりと、ジョイント部分がとても大切です。今までも接着材や両面テープなど、くっ付ける方法はいろいろありました。けれども、一度付けてしまうとやり直しができず、「ああでもない、こうでもない」と試行錯誤ができないところが悩みの種でした。ところが、メイクドゥは、ジョイントとストッパーでくっ付けるので、取り外しができて失敗がなく、何度もやり直しができます。

子どもも扱いやすいプラスチック製のヒンジとノコギリがセットになっているので、牛乳パックの乗り物からダンボールの隠れ家まで、アイデア次第で何でも作れます。また、完成品を解体して再構成することもできます。家族や友だちと一緒の共同作業もお勧めです。この楽しさを覚えたら、空き箱や紙袋などゴミだったものもお宝に。サスティナブル社会に相応しい、遊びのニューカテゴリーと言えそうです。

取扱い　アントレックス
本体価格　二、三〇〇円（一六五ピースセット）

Select 3

シュトックマー 蜜ろうブロッククレヨン

Select 4

シュトックマー　蜜ろう粘土

Select 5

ナチュラルミツロウクレヨン

Select 6

フィンガーペイント

Select 3

ゲーテの色彩論から生まれた
シュトックマー　蜜ろうブロッククレヨン

最近は、「色」をテレビやパソコンの画面を通して透過光として見ることが多いせいか、人々の色の好みや感覚も変わってきているように感じます。ピンクやイエロー、グリーンなどのビタミンカラーといわれる蛍光色が溢れ、おもちゃもその例外ではありません。これらの色は目立ちますが、人工的で、重ねたり混ぜたりしながら繊細な色彩感覚を育むには不向きです。

「シュトックマー　蜜ろうブロッククレヨン」は、ドイツの文豪ゲーテの「色彩環」[※1]に基づいて配色されており、塗り重ねても透明感を失わずに調和のとれた美しさを保ちます。ここでペンシルタイプではなくブロックを選んだのは、描く角度によって点、線、面を自由に使い分けられて表現の幅が広がり、その結果、想像力をさらに膨らませてくれると考えたからです。せっかくなので、用紙もいろいろ変えてみて、クレヨンの可能性を存分に引き出してみては？　八色から二十四色入りまであります。

取扱い　おもちゃ箱

本体価格　一、四〇〇～五、六〇〇円

※1　環の頂点に赤を置き、右回りで橙、黄、緑、青、紫という色彩の変化に着目したもの。

Select 4

子どもの手の平から
シュトックマー　蜜ろう粘土

シュトックマー社の画材は、心とアートに重きを置くシュタイナーの教育思想から誕生したもの。シュタイナー系の画材やおもちゃは、子どもの想像力を育むために過剰さを排しています。日常生活でお受験やお稽古、お行儀などなど、情報や知識を詰め込まれている子どもたち。せめて工作やお絵描きのときくらい、頭をからっぽにして自己表現に没頭させてあげたいものです。

「シュトックマー　蜜ろう粘土」は蜜ろうブロッククレヨンと同じゲーテの色彩論にのっとったもの。光にかざすと透けて見える透明感ある美しい十二の色、子どもにも扱いやすい板状の形、体温で柔らかくなる材質は、一九二二年の創業以来かたくなに守られています。時代を経ても親から子へ変わることなく同じ画材が受け継がれる……すてきなことだと思いませんか？

取扱い　おもちゃ箱

本体価格　二、五〇〇円（十二枚入り）

Select 5

石ころでお絵描き？
ナチュラルミツロウクレヨン・ロックタイプ

同じ蜜ろうクレヨンでも、その形状がスティックか、ブロックか、石ころかで、持ち方や表現のタッチが変わってきます。

「ナチュラルミツロウクレヨン・ロックタイプ」は、赤、ピンク、オレンジ、黄、緑、青、紫、茶、黒という基本九色。大豆や蜜ろうを主成分とした安心画材。石ころのような形なので、思いきり握りしめて、力を込めて描くことができるほか、面を使って豊かな表現が可能です。子どもが夢中で描いているときに、「ポキッ」と折れて、やる気を損ねてしまう心配もありません。ただし、お菓子のようにおいしそうに見えるので、間違えて飲み込まないように目配りは必要です。

取扱い　キアノ・インターナショナル

本体価格　九二四円

Select 6

指でお絵描き
フィンガーペイント

人類初の絵画といわれているラスコー洞窟の壁画は、人の指や木の枝で描かれたそうです。筆や鉛筆がなかった時代、人は自らの身体を使って絵を描いていたのですね。指先に直に絵具を付けて描く「フィンガーペイント」は、自分の思いやイメージを心の赴くままに自由に紙に移し出す、もっとも原始的なアート表現と言えそうです。

ペベオ社は南フランス、プロヴァンスに拠点を置く創業九十五年の絵具メーカー。確かな品質と豊かな色彩から、偉大な芸術家たちにも愛用されてきました。プロヴァンスの透明な光と空気感を反映した絵具は、子どもたちのイマジネーションを豊かに解き放ってくれます。また絵具を指先に付けて紙に描くときの独特の感触が感性の刺激につながり、日々繰り返し描き続けるうちに、タッチや絵具の濃さ、混色による色創りを体得していきます。絵具の安全性はもちろん、水ですぐに洗い流せるので安心です。紙用の他にテキスタイル用の絵具もあり、バリエーションも豊富です。

取扱い　ペベオ・ジャポン

本体価格　四、八〇〇円

（ステューディオケースセット［ボーイ］）

Select 7

草木染め12色羊毛

Select 8

Y字リリアン毛糸付き（パステル色）

Select 9

自在人形

遊びのレシピ 5

フェルトで小物作り

フェルトで手軽に手芸を楽しんでみましょう。自在人形の洋服やポシェットなども簡単に作れます。手作り小物は見ても触ってもホッと心を和ませてくれますよ。

写真は草木染め12色羊毛と自在人形（p60）で作った小物たち。

Select 7

手を動かしてフェルトづくり
草木染め十二色羊毛

最近の手作りブームで、手芸店などでもフェルト工芸や羊毛素材を見かけるようになりました。草木染めの美しい色とふわふわの羊毛は見て触るだけで心が和みます。

フェルト手芸といっても作り方には大きく二通りあります。羊毛をぬるめの石鹸水につけて手でもんだりこすりながら繊維を絡めていく方法と、フェルト専用の針で羊毛をつんつん突っつく方法。後者の方が手軽ですが金属針を使うので、子どもの遊びとしては前者がお勧めです。フェルト作りはプロセスも十分楽しいですが、出来上がったフェルトを使ってポシェット、衣服のアップリケ、ふわふわの毛糸のボール、髪飾りやブローチ、部屋のオーナメントなどの二次加工ができ、生活を彩ってくれるところが魅力。粘土と同じくらい可能性を秘めた素材です。

取扱い　おもちゃ箱
本体価格　一、二〇〇円～

Select 8

子どもも編み物が楽しめる
Y字リリアン毛糸付き（パステル色）

Y字の形をした木製道具を使って毛糸を編み込んでいくと、びっくりするほど速く、三つ編み状の紐ができます。極太の毛糸を使えばなおさらです。六歳だった姪も夢中でアッという間に九本の紐を編み上げました。さて、この紐をどうするか？　紐として使うだけではもったいないので、姪と私は、三本の紐をさらに三つ編みして太い紐を三本作り、それらをゆるく絡めて両端に同じ毛糸で作ったボンボンをつけてマフラーに仕立てました。今でも楽しい思い出です。毛糸以外でもリボンなど紐状のものであれば何でも編めるので、いろいろチャレンジしてみてください。基本色とパステル色があります。

取扱い　おもちゃ箱
本体価格　二、二〇〇円

Select 9

発想の赴くままに
自在人形

頭、体、手、足はブナ材で、腕と脚部はワイヤーの入ったロープでできた、ごくシンプルな人形。このはだかんぼう君に紙や布、毛糸などで洋服を作って着せてあげたり、絵具で色を塗ったり。心が赴くままに、手作り遊びへといざなってくれます。ということで、この自在人形に、髪の毛になる毛糸、お洋服になるフェルトをセットして、キットとして売っている店もあるほどです。

昔は、お人形に着せる服や靴を作ることが楽しい遊びの一つでした。最近は、お金で何でも買えますが、簡単に手に入れたものは飽きるのも早く、次から次へと新しいものがほしくなってしまいます。ちょっと不恰好でへんてこりんでも、自分が作ったものには愛着が湧きます。親子で同じ時間、同じ遊びを共有することこそが大切なのだと思います。指人形タイプもユニークです。

取扱い　アトリエニキティキ
本体価格　九六〇円（大）、七六〇円（中）、五四〇円（小）
一六〇円（指人形）

Select 10 ハマビーズ基本セット

Select 11 プレイマイス

Select 12 きのかみ

遊びのレシピ 6

おもちゃでオリジナルコースター

色彩が美しいクラフトおもちゃで自分だけの生活用品を作って、

アートに溢れた毎日を送りましょう。

写真はハマビーズ（p64）の国旗コースター。たくさん作れば、国旗当てゲームもできそうです。エフパズル（p40）ではフラワーコースターができます。

Select 10

点から面へ、さらに立体へ

ハマビーズ基本セット

プラスチック製ビーズを専用ボードに並べながら形を作って、アイロンの熱で固めて遊ぶアイロンビーズは、世界中でたくさんのメーカーが製造している人気のおもちゃです。ここでは数あるアイロンビーズの中から、色の豊富さと美しさ、形の均一さなど品質の高さに定評のある「ハマビーズ」を取り上げます。基本セット、単色のもの、動物や乗り物のキットなど、種類が豊富なので、年齢や好みに合った色合いや作りたいものから選びましょう。

販売元のボーネルンドは、ときどきデザインコンテストを開催。老若男女からアッ！と驚くようなアイデアや作品が多数寄せられ、ハマビーズの可能性に驚かされます。友人のアートディレクターは「パソコンのモニターは光の粒で構成されている。ドットで形を作るアイロンビーズと原理は一緒。これで遊べば将来は有能なデザイナーになるかも……」とつぶやいていました。なるほど。

取扱い　ボーネルンド
本体価格　二、〇〇〇円（基本セット）

Select 11

万能の工作材料、トウモロコシからできた

プレイマイス

一見すると発泡スチロールのような感触と軽さですが、実はトウモロコシが原材料のエコプロダクトです。直径二センチほどの筒状の「プレイマイス」は、はさみでもナイフでも簡単にカットできるだけでなく、丸めたり、つぶしたり、細かく切り刻むなど、加工も簡単。それらを水で湿らせてくっ付けていろいろな形を作って遊びます。実はこの遊びはピカソやブラックといった偉大な芸術家も夢中になった、「パピエ・コレ」「コラージュ」「アッサンブラージュ」といわれる、さまざまな材料を組み合わせたり、貼り付けて自由に造形するアート手法に通じています。色彩も落ち着いた天然色。好奇心の赴くままに自由造形を楽しんでください。

取扱い　アトリエニキティキ
本体価格　九〇〇〜一、六〇〇円

Select 12

吉野のスギの間伐材で作った折り紙

きのかみ

折り紙は、日本が世界に誇れる遊びの一つ。一枚の紙が魔法のように平面から立体へ、鶴や飛行機へと形を変えます。そればかりでなく、はさみやカッターで切ったり、ノリで貼ったりすれば、切り紙細工や工作の材料にもなります。万国共通のコミュニケーションツールとしてこれ以上のものはありません。そんな折り紙ですが、材料を変えるだけでこんなに印象が変わるから不思議です。

「きのかみ」は、奈良県吉野のスギの間伐材を利用した折り紙で、木材を薄くスライスして紙に貼り合せるという手の込んだ作り。紙よりも厚めなので、カットしてブックマークやコースター、オーナメントを作るなど、クラフト素材としても魅力的です。木目の違いやほのかな木の香りが心を和ませてくれます。一辺が十四・五センチが二枚、一辺十センチが三枚セットになっています。

取扱い　きのかみ
本体価格　五八〇円

Select
13

ガジェットブックス シリーズかたち『紋切り型』

Select
14

からくり ペーパークラフト

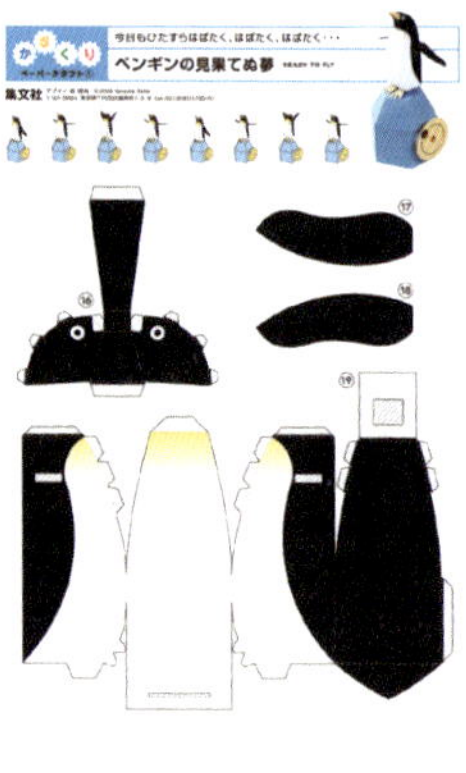

Select 15 ノード

Select 16 ダンシング・サンド　スターターキット

Select 13

モノと本の楽しさを合体
ガジェットブックス　シリーズかたち『紋切り型』

東京大田区にある小さな出版社エクスプランテが出版するガジェットブックスは、一つのテーマに沿って、「ガジェット（事物）」と「ブックレット（解説／文化）」をセットにしたブック形式の「実験的なおもちゃ」。つまりブックレットを通してその由来を知って文化を追体験し、ガジェットを通して体感できることを目指しています。紋切り遊びは江戸に始まる切り紙。紙を折って、型紙に沿って切り抜いて開いただけで美しい紋ができます。紋の一つひとつからは、吉兆、祝い、季節、屋号など、意味や先祖の暮らしぶりに思いを巡らすことができます。

ガジェットブックスの『紋切り型』は、「めでたづくし」「ものづくし」「昭和モダン」など十六種類のテーマごとにまとめられています。美しい紋を切り抜いた後は、贈り物に添えたり、モビールを作ったり、ハガキに貼るなどいろいろな細工に使ったり、遊びの幅を広げられそう。お正月、節句など、子どもに伝えたい日本の伝統的な祝いや行事を遊びながら学べる素材でもあります。

取扱い　エクスプランテ
本体価格　一、二〇〇円前後

Select 14

自分で作る、からくりの世界
からくりペーパークラフト

「からくりペーパークラフト」の作者、坂《さか》啓典《けいすけ》さんは中学校の国語の教科書なども手掛けるグラフィックデザイナー、紙とは切っても切れない間柄です。そんな坂さんは、一枚の紙に可能性を感じ、自ら「ペーパーエンジニア」と称して、紙を使ったさまざまな表現を探求し始めました。そして行き着いたのは、平面である紙を切ったり、折ったり、曲げたり、貼ったりして立体オブジェに変えてしまうペーパークラフトの世界。坂さんはそこに「からくり」という日本の伝統的な仕掛けを取り入れて、動くペーパークラフトのシリーズを作りました。「いない・いない・ベア」「ペンギンの見果てぬ夢」など親しみやすいテーマが十二種類、どれもハンドルを回すとユーモラスな動きを披露してくれます。からくりペーパークラフトは素材となるシートが四枚と組み立て説明図がセットになっています。

取扱い　集文社
本体価格　八〇〇円

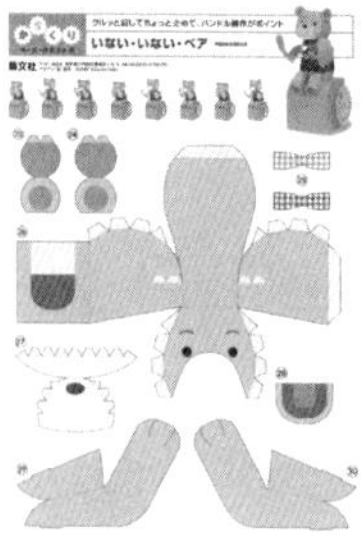

Select 15

ペットボトルがモダンアートに
ノード

エコを象徴するペットボトルを活かしたおもちゃが数ある中で、「ノード（NODE）」との出会いはちょっとした衝撃でした。なぜって、ペットボトルをモダンアートに変身させてしまうのですから……。ペットボトルは、どの家庭にもあってちょっと工夫すれば手軽な遊び道具になる身近な材料です。水や小石を入れればマラカスのような楽器に、上手にカットすればランタンの傘に、豆電球を入れて照明器具を作ったりもできます。ノードは、十八個のジョイント部分にペットボトルをはめ込んでいくと、今という時代にピッタリマッチした透明なオブジェが完成します。こうして見るとペットボトルって意外に美しい。大小さまざまなデザインのペットボトルでいろいろな形が作れそうです。

取扱い　トノプロダクト
本体価格　オープン価格

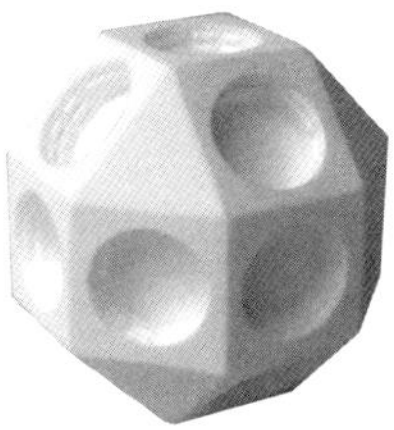

Select 16

北欧生まれの不思議な砂
ダンシング・サンド　スターターキット

アメリカの著述家、ロバート・フルガムの著書に『人生に必要な知恵はすべて幼稚園の砂場で学んだ』（河出書房新社）があります。砂遊びは無限の可能性があるということです。子どもにとって砂や土、水は形や状態が自在に変化して、想像力を駆り立ててくれる遊びの対象です。ところが最近は公園の砂場や池でさえも、子どもが遊んでいる姿を見かけなくなりました。

ここでご紹介する「ダンシング・サンド　スターターキット」は、二〇一三年夏に初めて日本で紹介された砂のおもちゃ。北欧で採取された白砂は、シリコンでコーティングされていてパラパラと飛び散る心配がないので室内でも遊べます。また、手に取ると少し湿った感じで、まるでとろろ昆布のような不思議な感触。手で触れるだけでもワクワクしてきます。山やトンネルを作るなどの砂遊びはもちろん、絵具や粘土のようにクラフト遊びの素材としても魅力的です。プラスチック容器と砂（二・五キログラム）がセットです。

取扱い　ボーネルンド
本体価格　三、八〇〇円

写真はエフパズル（p40）、ハマビーズ（p64）、草木染め12色羊毛（p60）、家にあるボタンなどで作ったクリスマスオーナメント。木の枝や壁に飾ればすてきなインテリアに。

遊びのレシピ 7

世界に一つのオーナメント

クリスマスなどの行事は準備も楽しみの一つですね。家族でオーナメント作りや飾り付けはいかが？　クリスマスなら、図鑑やインターネットで背景やシンボルを調べ、ツリーやヒイラギや雪だるまをデザインしてオーナメントを作ってみましょう。

ものがたり、心を表わす

セルフ・エクスプレッション（自己表現）

絵を描いたり、楽器を弾いたり、詩を作ったり、スポーツを楽しんだり……。どんなかたちにしろ、自分の気持ちを素直に表現し、他者とつながる「術」を持つことができたら、人の一生は豊かなものになるに違いありません。

その「根っこ」を作るのは、子ども時代の遊びにあると考えます。本書はそんな思いから自己表現の術につながるさまざまな遊びとおもちゃを紹介していますが、積み木やブロックのように具体的に何かを構成し創造することだけが自己表現ではありません。子どもの想像力を刺激し、心で感じたこと、頭の中で考えたことを上手に表すことを助けてくれるおもちゃや遊びはたくさんあります。その代表が「おままごと」などのなりきり遊び、いわゆるロールプレイと言われるものです。

シュタイナー幼児教育やブルーノ・ムナーリが重視する「ファンタジー」や「メルヘン」は、子どもの想像力の大切さを私たちに伝えてくれています。まだ言葉を十分に操ることのできない子どもだからこそ、自分だけの物語や空想の世界、喜怒哀楽を表現する方法を無限に持っています。ここでは、言葉を超えた自己表現を後押ししてくれるおもちゃを取り上げました。独自の教育で知られる北イタリア、レッジョ・エミリアの保育に関わった童話作家、ジャンニ・ロダーリは著書『ファンタジーの文法』※注の中で語っています。「おもちゃを使ってお話をつくり出すことは、いわば自然なことであって、子どもと遊んでいればひとりでに出てくるものである。お話はおもちゃの延長であり、発展であり、陽気な爆発である」。

※注　出典『ファンタジーの文法』ジャンニ・ロダーリ著、筑摩書房、窪田富男訳、1978年

セルフ・
エクスプレッション

Select 1 くみあわせドミノ

Select
2 マーパ・カーサ　MAPA CASA

Select 1

絵合わせからお話作りへ

くみあわせドミノ

ドイツのおもちゃはメルヘンに溢れ、子どもの想像力を豊かにしてくれます。『ヘンゼルとグレーテル』や『白雪姫』で知られるグリム童話が生まれ、『ハーメルンの笛吹男』などの民話に溢れた国ですから、当たり前かもしれませんね。そんなドイツのおもちゃメーカーの中でも、セレクタ社は美しい図柄が描かれた木製カードおもちゃで定評があります。赤ちゃんから小学生まで幅広い年齢の子どもが楽しめるよう、絵合わせ、物語作りなど、種類も遊び方も豊富です。

「くみあわせドミノ」は、五×一〇センチの二十枚のカードのセット。遊び方はトランプのようにカードを均等に配って、話がつながるように並べていくというもの。図柄はワニ、船、鉛筆、傘、あるいは亀、パイナップル、お家、靴など、関連性が希薄ですが、だからこそ、それらをつなげて物語を作る想像力が求められるわけです。その時々の気持ちを自由に表現できるおもちゃです。

取扱い　ブラザー・ジョルダン社
本体価格　三、三〇〇円

Select 2

みんな、みんな一緒！

マーパ・カーサ　MAPA CASA

「CASA＝カーサ」とはイタリア語で「家」の意味。つまりこのおもちゃは「マーパのお家」というネーミングというわけです。作者の富永周平さんはイタリア生まれのイタリア育ち。ラトルや積み木など幅広いおもちゃを制作していますが、そのどれもが大らかで楽しいデザインばかり。

「マーパ・カーサ」は、自分の息子さんが一歳の頃に「いつも三人、一緒ね」と語り掛けていたことがきっかけになったそう。三角屋根のお家の中に、大人二人、子ども一人を単位として三家族が納まっています。おもちゃとしてはもちろん、インテリアとしても楽しめる一品。積み木のように積み上げる、並べてドミノ遊び、人に見立ててドールハウスのようなごっこ遊び、人形の足の間にビー玉を通す、ホームページより型紙をダウンロードして工作しながら着せ替えを楽しむなど、家族一緒に遊びたくなる……そんなアート心に溢れるおもちゃです。

取扱い　工房マーパ
本体価格　一九、〇〇〇円

セルフ・
エクスプレッション

遊びのレシピ 8

音を生活の合図に

Select
3

**アウリストロムメール
クラシック**

音のするおもちゃを生活の合図に使ってみましょう。お風呂タイムの音や片付けの音など合図に取り込めば、遊びの延長で楽しく生活習慣が身に付きますよ。読み聞かせの効果音としても活かせそうです。

Select
4

コロイ　キンダーハープ

Select 5

おさかなシロフォン

Select 6

「ルーグ」シリーズ

Select 3

生成りの音に親しむ
アウリストロムメール　クラシック

何かしら、自分の気持ちや感情を表現できる「術」を持つことは、知識や経験と同じように人生を豊かに彩ってくれます。けれども最近の子どもは、勉強やマナー、お稽古事やスクール通いなど、詰め込まれるだけ詰め込まれて、発散できる機会が少なくなっていると感じます。一方、子どもにとって遊びは学びであると同時に、自己表現でもあります。中でも、音遊びはうれしい気持ちや悲しい感情を音に乗せて表わすことができます。だからこそ、最初に出会う音は生成りで、飾り気なく、美しく、透明であってほしいと思います。

「アウリストロムメール　クラシック」は、まさに見たままに円筒状に立てられた、八枚の長短の板を打棒で右回り、左回りでなぞって音を楽しむおもちゃ。シンプルな道具なので、何度も何度も満足いくまで繰り返して遊べば、美しい音が自然に体に染み込んでいくでしょう。直径十一センチ、高さ十四センチと小ぶりなので、インテリアとしても場所を取らず魅力的です。

取扱い　おもちゃ箱
本体価格　三、二〇〇円

Select 4

音と共鳴し、調和する喜びを
コロイ　キンダーハープ

「コロイ　キンダーハープ」は、心と芸術教育に重きを置いたシュタイナーの思想を反映した楽器。木材を贅沢に使った本体に、ペンタトニック音階（レ、ミ、ソ、ラ、シ、レ、ミ）で調弦された七本の弦が張られています。簡単な楽曲を弾くこともできますが、指ではじくだけでもペンタトニック音階の透明で落ち着いたメロディを楽しめます。深い森の中に沁みわたるような音は、子どもも大人も心を落ち着かせ鎮めてくれるので、就寝前の読み聞かせなどの効果音に生かしてみてはいかが？　作り手であるコロイは、ハンディキャップのある人とない人が共同生活を送るキャンプヒル活動の拠点の一つ。コロイのメンバーがトネリコ、カエデなどの木材を厳選し、一つひとつ手作りしています。

取扱い　おもちゃ箱
本体価格　五七、〇〇〇円

Select 5

本物の音質を求めた
おさかなシロフォン

私たちの生活には音が溢れています。テレビやゲームの音、電気製品の作動音、自動車の騒音など、いやおうなしに音の洪水に飲み込まれ、むしろ音を意識しないように生きています。英語には意識して聞く「listen」と無意識に聞く「hear」の二つがありますが、音の洪水の中でいやおうなくhearしている私たちのlisten能力は衰えているように感じます。そのlisten力を育くむには、自然の美しい音に親しみ、聞き分けることから始めたいものです。

シロフォンは音遊びおもちゃの定番。たくさんの種類がありますが、中でも「おさかなシロフォン」は、魚の骨を連想させる楽しいデザインが魅力。音階はポピュラーなダイアトニック音階の八音（ド、レ、ミ、ファ、ソ、ラ、シ、ド）で親しみやすく、プロ仕様の材料を使い、国内の工場で調音、組み立てられた本格的な作り。強弱をつけて叩いたり、簡単な楽曲に挑戦しながら、音を意識して聞くlisten力を育んでください。

取扱い　ボーネルンド
本体価格　九、五〇〇円

Select 6

親子で一緒に手作りギター
「ルーグ」シリーズ

子どもも楽しめるお気に入りの楽器があって、親子で一緒に演奏ができたらどんなに幸せなことでしょう。とはいっても、子どもが大人の楽器を同じレベルで演奏することはなかなか難しいことです。家族で音楽に親しみたい、そんな願いをかなえてくれそうなのが手作りギター「ルーグ」です。

ルーグは、ギターの基本構造であるボディとネック、弦やペグがキットで売られているので、演奏する前にまず組み立てなければなりませんが、大人と一緒なら簡単に作ることができます。組み立てるというプロセスを経ることによって、自分だけの楽器という愛着も湧くことでしょう。弦は子どもの手で演奏できるように三本ですが、音のクオリティーも高く、調律もできる本格的な楽器です。ただ弦を弾くだけでも楽しいですが、親子で同じ曲を演奏してみては？　どこにでも手軽に持ち運べるので、いつどんな時も音楽を楽しむことができます。デザインは三種類、専用のピックガードを付けて、ギタリストになったつもりで遊んでください。

取扱い　キャストジャパン
本体価格　一五、六〇〇円

セルフ・
エクスプレッション

Select
7

自由学園工芸研究所の
着せかえ人形

Select
8

アニカ

Select
9

フォークマニスパペット
チンパンジーの赤ちゃん

Select 7

姉妹であり、お友だちであり
自由学園工芸研究所の着せかえ人形

一九七〇年代頃までは、手作りの服や人形はそれほど珍しくはありませんでした。母親や祖母が時間を割き、手間ひまかけて何かを作ってくれる……そんな姿に、子どもは愛されていることを実感していたのだと思います。時代は変わり、以前のように手作りすることが難しい昨今、大量生産品ではない手作り感に溢れた素朴な人形は、姉妹として、友として、時には分身として、子どもの気持ちを映し出す、あるいは引き出してくれる鏡となってくれるはず。

中でも自由学園工芸研究所の「着せかえ人形」は純日本的な容姿をしている数少ないお人形。顔の表情がシンプルなので、嬉しさや悲しさなど、その時々の気持ちに応えてくれます。着せ替え遊びのための洋服も、パジャマやシャツ、ワンピースなどの日常着が中心で一着ずつ手作りされています。人形作りは難しくても、子どもが着られなくなったお気に入りの洋服を人形の服に仕立て直しても楽しそう。一緒にデザインを考えて、リボンやボタンを付けたり。それだってワクワクする遊びであるに違いありません。

取扱い　自由学園工芸研究所
本体価格　一一、四二九円（人形本体）

Select 8

モダンで洗練された手作り感
アニカ

元経営コンサルタントという異色の経歴を持つ江島道子さんが一念発起して生み出した「アニカ」は、単なる人形ではありません。アニカを中心としたコミュニティづくりの要なのです。そのため、たくさんの人が魅力を感じてくれるよう、人形の「作り」には徹底してこだわっていて、手触り感、抱いたときの重さ、髪の毛や顔の表情、着せ替え遊びができるなど、子どもが感情移入できる工夫を満載。それを確実に実現するために、自ら手縫いでサンプルを作り、手作りしてくれる工場を探し回りました。人形の他に、江島さんが材料を調達しデザインした着せ替え用の洋服、バッグや靴も豊富。また、人形の洋服の材料、説明書や型紙がセットになったキットもあり、誰でも気軽に手縫いできます。最近にわかに、DIYや手芸の楽しさが見直されていますが、大量生産品にはない暖かさがアニカの魅力。彼女を中心としたコミュニティが広がりつつあります。

取扱い　アニカクラブ
本体価格　六、四〇〇円（人形本体）

Select 9

まるで動物園のような
フォークマニスパペット　チンパンジーの赤ちゃん

アメリカ、フォークマニスパペット社のパペットの特徴は、種類の多様さと標本と見まがうほどのリアルな作り。普通はウサギ、クマ、イヌといった愛嬌のある動物が主流ですが、タコやカニ、ヘビやトカゲといったユニークなアイテムも充実。オタマジャクシからカエルへといった変身するパペットもあり、理科の教材としても使われているほど。博物館や動物園などのショップでも販売されています。

「チンパンジーの赤ちゃん」は、下から手を入れて口と両腕の部分を操作するパペットですが、抱き心地は柔らかくぬいぐるみにも負けません。霊長類では他に、オランウータン、モンキー、チビゴリラ、ヒヒと種類も豊富。イヌやネコなどのパペットも魅力的ですが、霊長類のパペットは人間に近い動物なので感情移入して、自分の気持ちを素直にお話しできることでしょう。子どもだけでなく、大人も魅了されるパペット。ちなみに私もチンパンジーの赤ちゃんを持っていて、ときどき話しかけています。

取扱い　パペットワールド
本体価格　五、四〇〇円

遊びながら発見

サイエンストイ

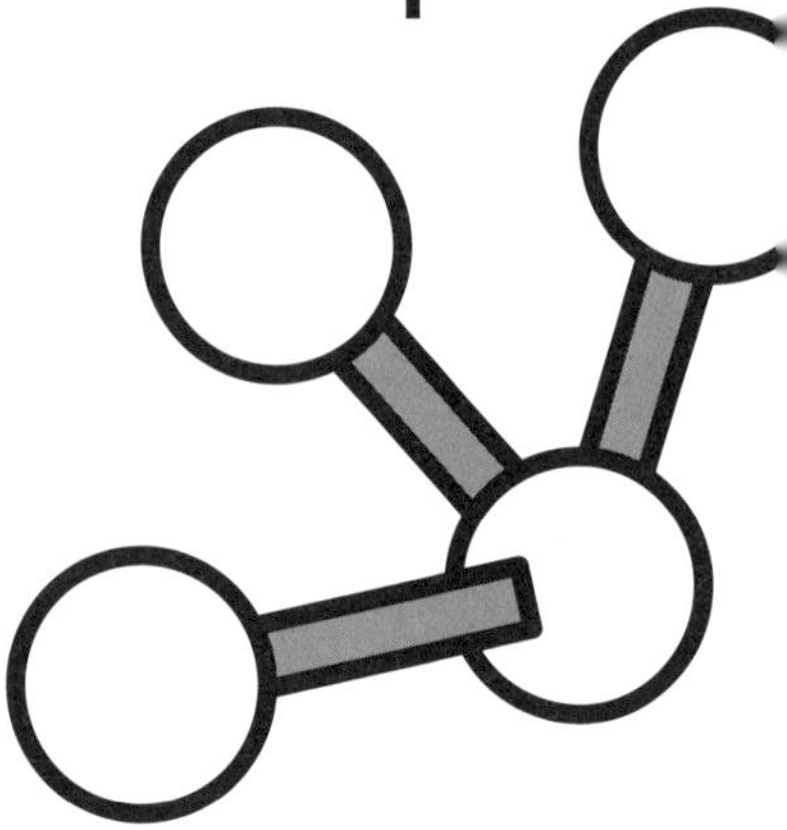

世界一有名な絵画「モナ・リザ」の作者であり、万能の天才として知られるレオナルド・ダ・ヴィンチ。二〇一三年春、東京都美術館で開催された展覧会では、ミラノのアンブロージアナ絵画館所蔵の『アトランティコ手稿』が展示されていました。Ａ４大の用紙には、歯車などの機械、人体、幾何学立体、都市計画、植物など、彼の万能人ぶりを納得させられるメモや素描、図案が隙間なく緻密に描きこまれていました。それ

らを見ながら「ダ・ヴィンチにとって、絵を描く、自然や機械への限りない探求は、一種の『遊び』だったのではないか?」と思い至ったのです。もちろん膨大な手稿の背景には、対象をより写実的に描きたいという欲求、時の権力者に依頼された研究などの目的もあったでしょう。でも彼にとって、あらゆる事物への興味と探求は、純粋な好奇心に触発された自発的な行動という点で、「遊び」と大きく共通しているのです。そしてもう一つ、手と頭は同等であったに違いありません。コンピュータなどない時代、自分の思考を自らの手を通して、ペンと紙で定着させていたのです。

　ということで、前書きが長くなってしまいましたが、生物学者も、天文学者も、技術者も、医者も、初めの一歩は子どもの時代の遊びに由来しています。ダ・ヴィンチはトスカーナ地方の豊かな自然が遊び相手だったと言われています。ここではそんな自然の代わりに、組み立てたり、観察したり、考えたり、主体的に関わることによって自然や科学の不思議を楽しみ、自己表現につながるおもちゃを紹介します。

サイエンス

Select 1 水車シリーズ

Select
2
滑車シリーズ

Select 1

ダ・ヴィンチのスケッチから抜け出たような

水車シリーズ

十年ほど前、初めてドイツ、ニュルンベルクのトイショーを訪れたときに、もっとも印象的だったおもちゃメーカーの一つがクラウル社でした。展示ブースは、まるで工作や実験好きなおじさんの工房のようだったのです。同社のおもちゃは、風、水、火、光、土をテーマとし、遊びながら自然の豊かさやサイエンスの楽しさに触れることができます。どれも完成品ではなく、手作り感に満ちた素朴なキットとして販売されているので、組み立てることから始めなければなりません。

中でも「水車シリーズ」には、水車の他に水力で動くボート、水汲みやハンマーなどのキットがあり、水の性質を体系的に学べます。キットを組み立てたら、川原や海辺で小石や流木を上手に使って水車を固定して、様子を観察してみましょう。置いた場所や水の流れによって、水車の回転は変わるはず。工夫をすればお風呂でも遊べそうです。ガスや電気がなかった時代、人は水車を回してエネルギーを得ていました。そんなことに気づかせてくれる、夏場のキャンプなどで楽しみたいおもちゃです。日本でもネットなどで購入可能です。

製造　ヴァルター・クラウル社

http://www.spielzeug-kraul.de/

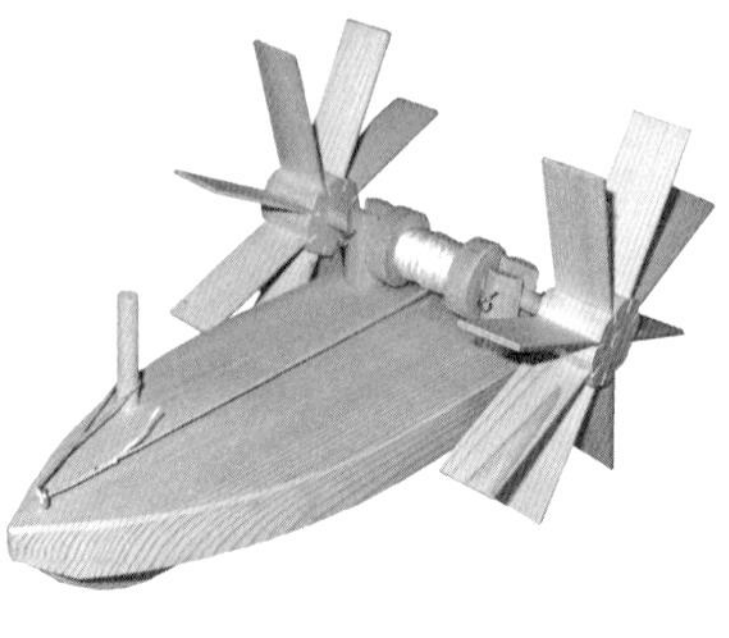

Select 2

ロープウェイの原理を知る

滑車シリーズ

クラウル社の創業は一九二〇年、百年近くの歴史をもったドイツの会社です。創業者のヴァルター・クラウルは、シュタイナースクールの科学教師。社名は彼からつけられました。クラウル社のおもちゃの素朴さは、百年間守られ続けた普遍的な形や仕組みを表しています。

「滑車シリーズ」も水車シリーズと同様、数種類の滑車、籠と木箱のゴンドラを自由に選んで組み立てられます。水車と違って、柱や家具などを上手に使えば、室内でも遊ぶことができるでしょう。遊びを通した素朴な体験が、科学に興味をもつ第一歩。幸い滑車シリーズには何段階かのレベルがあるので、最初は単純なものから少しずつ複雑なものへと挑戦できます。同社には、他にも磁石やプリズムなど多彩なシリーズがあり、親子で夢中になってしまうでしょう。水車シリーズと同様ネットでの購入が可能です。

製造　ヴァルター・クラウル社
http://www.spielzeug-kraul.de/

サイエンス

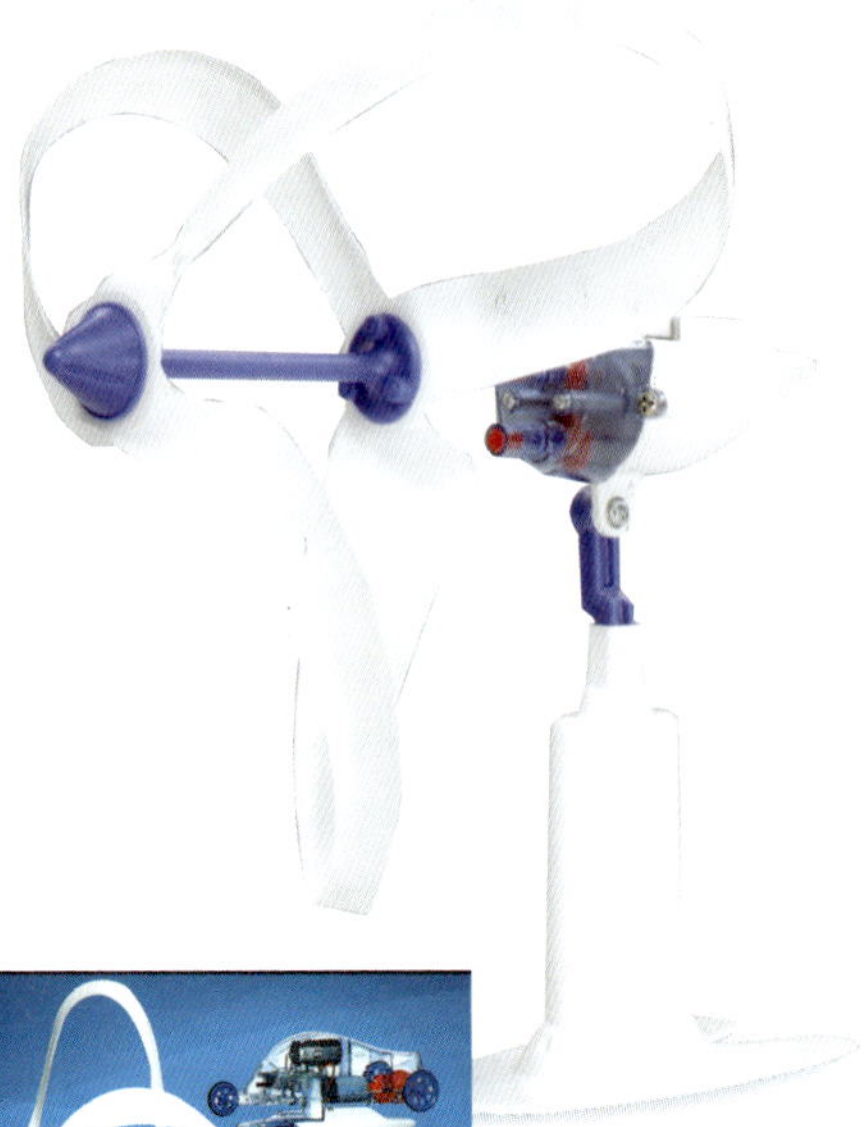

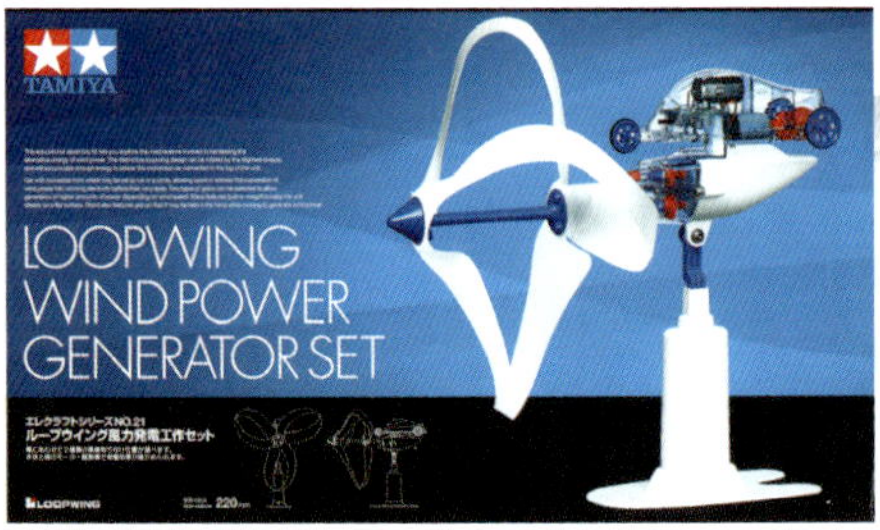

Select
3

ループウイング
風力発電工作キット

Select
4

手回し発電・
四足歩行メカ

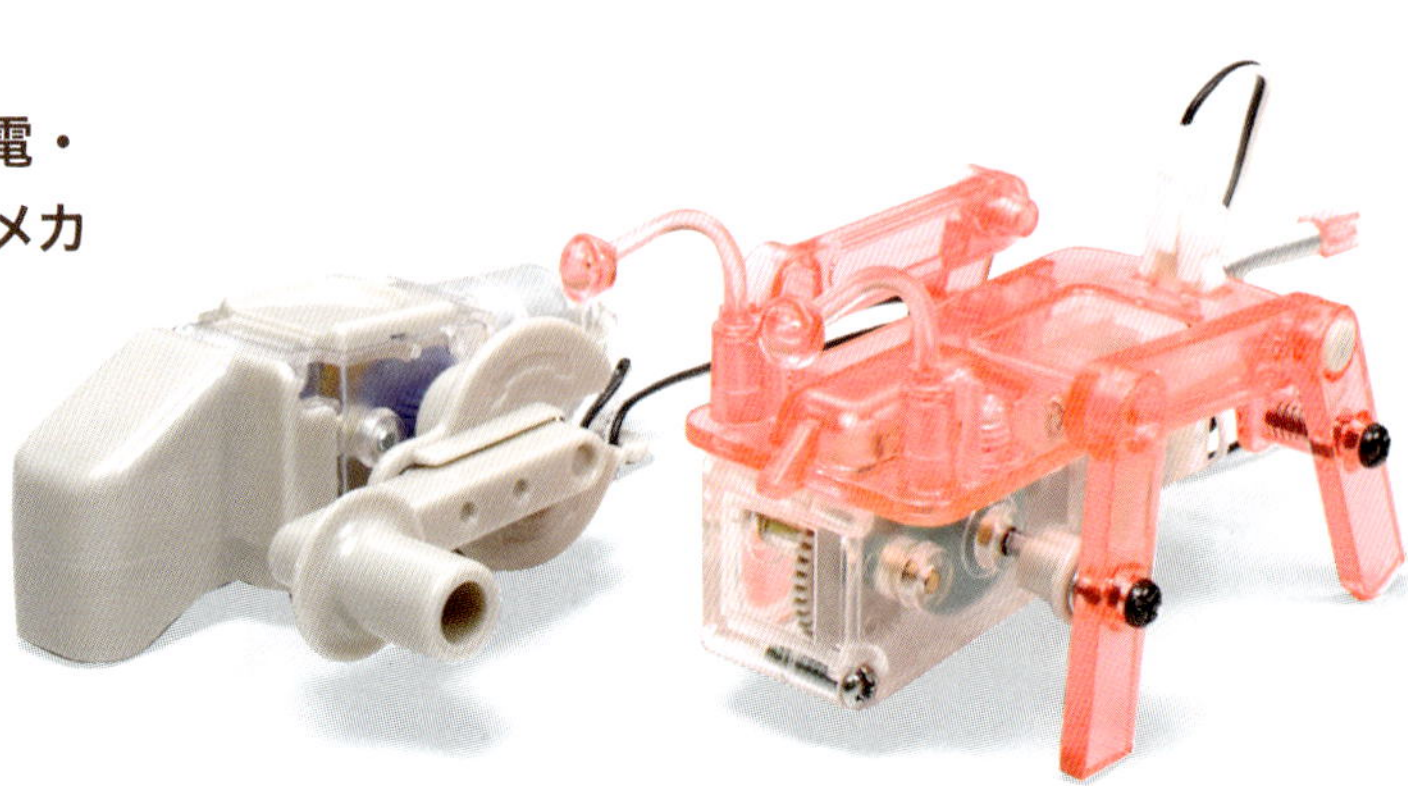

Select
5

やまね工房のぬいぐるみたち

Select 3

タミヤの工作キット

ループウイング風力発電工作キット

タミヤというより田宮模型と聞いた方がピン！と来る人も多いかもしれません。戦車や戦艦、自動車やオートバイ、ミニ四駆などの模型キットは男の子の垂涎《すいぜん》のおもちゃです。そんなタミヤが最近力を注いでいるシリーズの一つが工作&ロボクラフト。ものづくりの楽しさやエコエネルギーの原理を理解できる工作キットです。昔のような手作業や手遊びの機会が減っている昨今、はさみが使えない、靴紐が結べないなど不器用な子どもが増えていると聞きます。そんな中、模型作りは手先を使うだけでなく、説明書の理解、組み立ての順番を考えるなど、頭にもいい刺激になるはずです。

「ループウイング風力発電工作キット」は、エコエネルギー工作キットシリーズの一つで、ループウイングと連結した発電モーターが電気を発生し、キャパシターに蓄電して車を動かすという原理。風力のメカニズムだけでなく、実社会でも広がりつつあるＥＶ（エレクトリック・ヴィークル）やスマートグリッドの仕組みを知るきっかけにもなりそうです。デザインもシンプルで本格的。こんなキットがあれば勉強も楽しくなるでしょうね。他に、ソーラーパネルを使ったクルマもあります。

取扱い　タミヤ

本体価格　三、八〇〇円

Select 4

タミヤのロボクラフトシリーズ

手回し発電・四足歩行メカ

工作・ロボクラフトシリーズからもう一点。手回しの発電モーター付きのロボクラフト。L字型の前足が後足に運動を伝えて、さらに目と尻尾も動きます。メカニカルなデザインがいかにもタミヤらしいなと思わせます。現代のハイテクを簡潔にわかりやすく表現していて、メカ好きにはたまらないでしょう。子ども向けなので、組み立てはビスで留めるだけと簡単。

タミヤの技術力をもってすれば、動物や昆虫の形を精巧にリアルに再現するというデザインアプローチもあったはず。その方がおもちゃらしく親しみやすかったかもしれませんが、あえて子どもらしさにこだわらないところもタミヤらしいと思うのです。同シリーズは、電池で動くテントウムシやカンガルー、ビートルなど、より低年齢から楽しめるキットもあります。

取扱い　タミヤ

本体価格　一、九八〇円

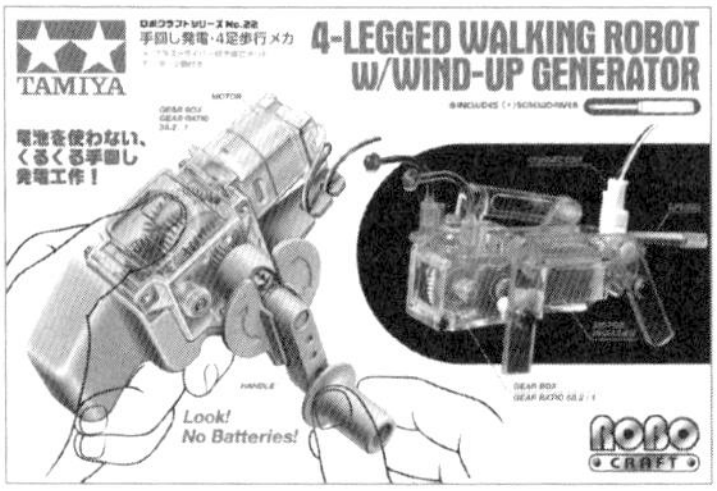

Select 5

まるで生きているような
やまね工房のぬいぐるみたち

やまね工房を主宰する落合けいこさんがぬいぐるみを作り始めた動機は、普通のおもちゃデザイナーとは少し変わっています。一九八〇年代後半、日本がバブル経済を迎える直前、自然や環境がどんどん壊され、自分が子どもだった頃にあったものが失われ、野生動物がいなくなっていることに大きな危機感を抱いていたそうです。人間がいかに残された野性と共存できるか？　その答えが、生き物そっくりのぬいぐるみを作ることであり、さらに情報発信や生態展示によって、少しでも野生に親しんでほしいということでした。実際、落合さんは自然博物館の展示物なども制作しています。

やまね工房のぬいぐるみは、日本に生息する動物たちが中心。特に社名でもある「やまね」など森の小動物は人気です。どれも、大きさ、毛の質感、表情が一つひとつ手作業によって精巧に作り込まれていて、本物そっくり。今にも動き出すようなリアルさで、立体図鑑としても使えそう。手作りキットもあります。

取扱い　やまね工房
本体価格　（やまね）九〇〇円〜

サイエンス

Select 6

ウォーター・ゴースト

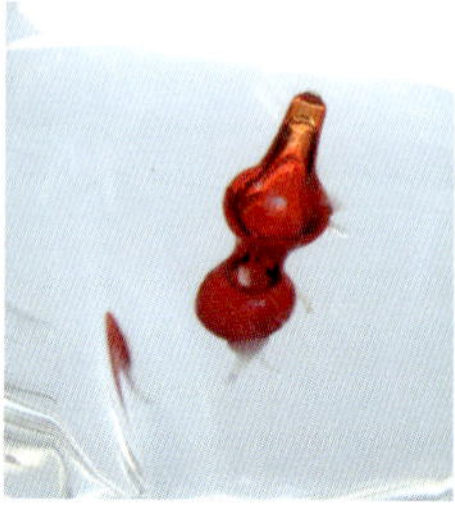

Select 7

防災カードゲーム・シャッフル

Select 8

ポケットスコープ

Select 9

トルネードチューブ

Select 6

アルキメデスもびっくり？
ウォーター・ゴースト

実験遊びとして人気の高い「浮沈子《ふちんし》」は、水を入れたペットボトルを握ったり放したりすると中の浮きが浮き沈みして、子どもの「なぜ、どうして？」という好奇心を育んでくれる人気のおもちゃ。ところがこの「浮沈子」の動きは、アルキメデス（古代ギリシャの学者）が発見した「どのような物体も水中に沈めると、その物体がおしのけた水の重量だけ軽くなり、浮きあがる」という原理と、パスカル（十七世紀のフランスの哲学者、科学者）による「密閉容器中の流体は、その一部に受けた圧力をそのまますべての部分に伝える」という法則に裏付けられた物理学原理そのものなのです。ネットで検索すると、身近な材料を使った手作り方法もたくさん紹介されています。

この「ウォーター・ゴースト」はまるで水中に生息する生物のよう。不思議な動きは子どもには好奇心を、大人には癒しを与えてくれます。一つひとつ吹きガラスで作られていて、愛着も湧いてきます。

取扱い　アトリエニキティキ
本体価格　九〇〇円

Select 7

遊びながら災害に備える
防災カードゲーム・シャッフル

二〇一一年三月十一日以降、私たちの防災への意識は格段に高まりました。いつ起こるとも知れない巨大災害に対して、子どももいざというときのための知識や技を得ておくことは大切です。

「防災カードゲーム・シャッフル」は、応急手当、防災知識、救援・救助、サバイバル方法から、消火器の使い方など、災害時に役立つ知識や情報を遊びながら身に付けられるゲーム。企画は、防災を中心に教育や街づくりなどの分野でクリエイティブな活動を展開するNPO法人プラス・アーツ。遊び方は「AEDの使い方」といったテーマに対して、手順となる四枚のカードを正しい順番に並べるというもの。カードには、防災の知識や技がイラストとテキストで簡潔にわかりやすく印刷されています。

防災という重たいテーマでも、ゲームというかたちであれば家族や友だちと日常的に考えることが苦ではないでしょう。遊びながら、緊急時の連絡や避難場所などについても話し合っておきたいものです。同NPOでは他にも「防災すごろくゲーム」なども企画しています。

取扱い　幻冬舎エデュケーション
本体価格　一、四二九円

Select
8

学者になったつもりで観察
ポケットスコープ

ポケットサイズのスコープ、ミニライト、作業台などが専用ケースに入った本格的な観察キット。本物感のあるデザインに好感がもてます。最大倍率は三十倍なので、植物や昆虫、土などが肉眼の世界とはまったく違って見えてきます。スコープは「視野」という意味ですが、レンズを通して見る世界は子どもたちの視野や興味をも広げてくれるはず。いつもポケットやカバンに入れて持ち歩き、気になるものを観察してみましょう。

取扱い　ボーネルンド
本体価格　一、八〇〇円

Select
9

渦巻を観察できる
トルネードチューブ

あのダ・ヴィンチも夢中で観察とスケッチを繰り返した水の渦巻。昔は彼のような天才でなければ、自然界で起きる現象の全貌を肉眼で見ることはなかなか困難でした。ところが現在では、「トルネードチューブ」で遊びながら水の渦巻が観察できます。

遊び方は簡単、二つのペットボトルの一つに水を入れてチューブでつなぎます。水の入っている方を上にし、回転をかけると上部の水が美しい渦を巻いて下部のペットボトルに移動します。インクや絵具で着色すれば、動きをよりはっきり観察できます。例えば、インクを一、二滴たらしたままでひっくり返すと、まるで一本の糸のように見えます。

取扱い　ザ・スタディールーム
本体価格　七八〇円

遊びのレシピ 9

積み木でお絵かき

積み木はいろいろな形でできています。例えば立方体は 6つの正方形から、直方体は 2つの正方形と 4つの長方形から、円柱は 2つの円とグルッと巻かれた長方形でできています。そんな積み木をスタンプに見立てて水性絵具を塗ってハンコのように押してみたり、形をなぞって塗り絵にしたり…… お絵かきの材料としても楽しめます。

写真はミニチュア積み木（p22）、ケルナースティック（p28）をスタンプにして、包装紙、カードなどを作ってみました。

体は口ほどにものを言う？

フィジカル

以前と比べて、「子どもの体力や運動能力が劣ってきている」と言われています。確かに、都心でも地方でも、子どもが外で駆け回っている光景を見る機会はめっきり減りました。一方で、サッカーや水泳、ダンスといったスポーツや稽古事が盛んになっているようですが、これではやっている子とやっていない子の差が開いてしまいます。ある児童教育学の先生を取材した折、「最近、いわゆる『不器用な子ども』が多くなっていて、それは特に運動時に現れる。そのために運

動が苦手な子どもは、体を動かすことが嫌になってしまい、引きこもりなどの原因にもなっている」というお話が印象的でした。

私の姪も小学校低学年の頃に鉄棒の逆上がりができず、二人して公園で猛特訓をしたことを思い出しました。あのとき、どうにか乗り越えられたのは、姪は水泳やダンスを習っていて、もともと体を動かすことが大好きだったということと、日頃から私と一緒のときにはよく外で遊んでいたからかもしれません。しばらくして「逆上がりできた！」と電話をもらったときは、私も思わず万歳！という気持ちになりました。

スポーツや体育と違って、体遊びは勝敗や記録更新が至上ではありません。とにかく楽しむこと、体を動かすことによって自己表現でき、やる気を増進したり、そのことによって気持ちがすっきりリフレッシュできることが一番です。だから、小さいときに思いきり動きまわって、その楽しさや充実感を体にしみこませてほしいなあと思います。ここでは、体を動かすことが楽しくなる、そんなおもちゃを紹介します。

Select 1 ストックス　STOCS

フィジカル

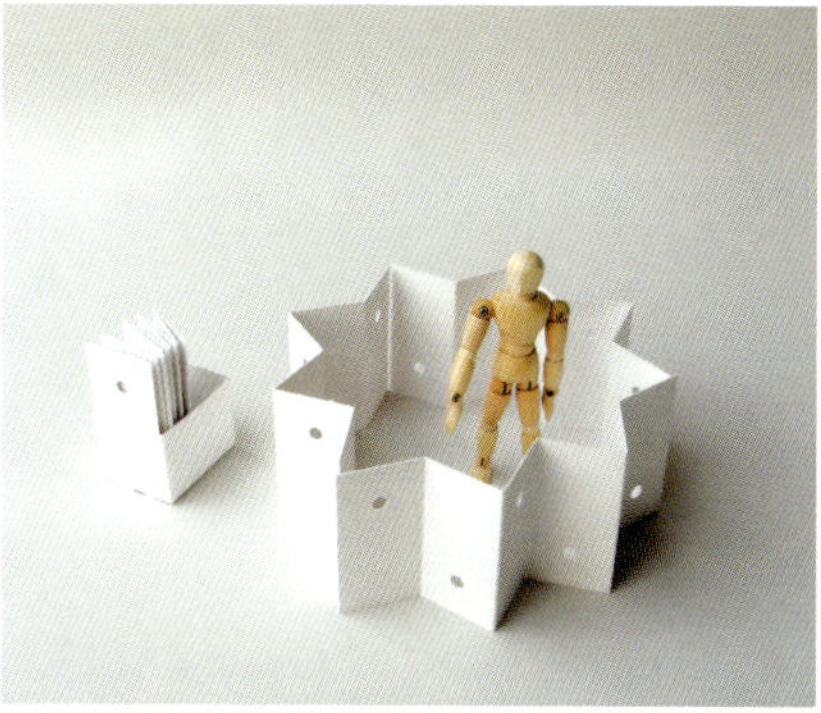

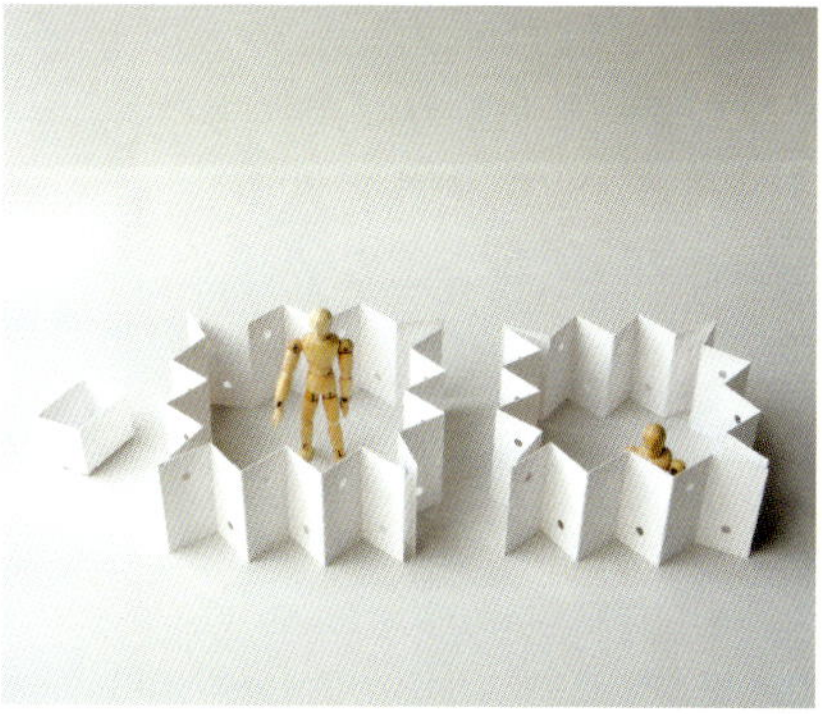
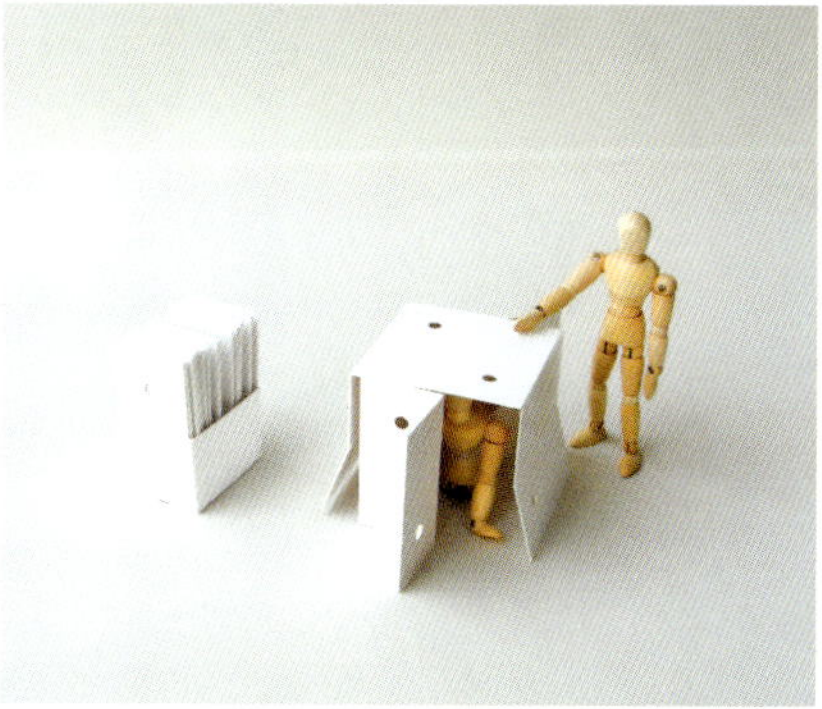

Select
2
アソ／ビョーブ

Select 1

棒で得られる空間体験
ストックス　STOCS

　数年前、展示会場で出会って気になっていた、オランダの建築家が考案した「ストックス」。アッという間におもちゃ屋の店頭を飾るようになりました。その理由の一つは、子どものワークショップでしか体験できなかったようなダイナミックな遊びが楽しめるからです。以前、新聞紙を丸めた棒状のパーツをクリップで組み立て骨組みを作り、そこに新聞紙を貼って隠れ家を作るというワークショップに参加したことがあります。一本の棒から隠れ家が作られるにつれて子どもたちの目が輝き、皆で協力し合いながら嬉々として作業に熱中していた様子が忘れられません。

　ストックスは棒の両端が紐状になっていて、それを結び合わせることによって、自分をすっぽり包み込んでくれる空間を作る充実感が味わえます。同じ「お家」でも積み木で作るのとは意味が違います。ストックスの遊びの可能性は大きく、頭と全身を使いながら構成力や空間認識が身に付くし、友だちと取り組むことによってコミュニケーション能力、想像力や創造力も刺激されるに違いありません。また、ストックスで作った構造に布などを掛ければ、まさに自分だけの隠れ家にも。子どもの野性を呼び覚ましてくれるおもちゃです。

取扱い　キャストジャパン
本体価格　一一、四〇〇円
　五、六〇〇円（カバー）

Select 2

ダンボールで空間作り
アソ/ビョーブ

最近、子どもの遊びでよく言われるのが「三つの間の不足」です。三間とは仲間、時間、空間を指し、都市化や核家族が進んだ昨今、以前のように兄弟や異年齢の仲間、ゆっくり過ごせる時間、のびのび遊び回れる空間が減ってしまったことを意味しています。今、あらためて思い返してみると、私にとって一番楽しかった遊びといえば、空き地や原っぱでの陣地作りでした。身近にある木の空箱や紐、ダンボールを集めてきて、陣地というか小屋のようなものを作るというサバイバルゲームもどきの遊びを夢中でしていました。子どもは木登りなど、全身を使って自分より大きな対象物と格闘することが大好きです。

「アソ/ビョーブ」は、屏風のように畳める八枚のダンボールで、サークル状に立てたり、隠れ家など、かなり大きな構造物を作ることができます。また無地のダンボールなので、絵を描いたり、切り紙を貼り付けたりすることも自由。不要になればリサイクルに出すこともできます。隠れ家は子どもの自立心を高め、落ち着ける居場所にもなります。屏風状に折り畳まれた七〇×二二〇センチのダンボールが八枚です。

取扱い　トノプロダクト
本体価格　オープン価格

フィジカル

Select 3 ビリボ

Select 4 しわくちゃボール

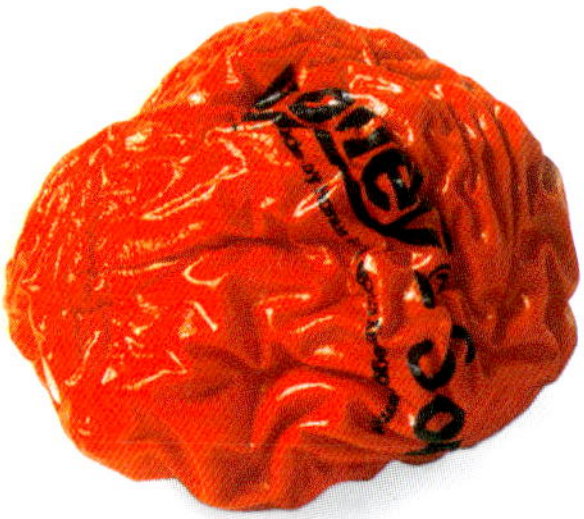

Select 5 フォームアニマルズ・ゾウ

Select 6 パラシュート

Select 3

一見ヘルメットのような
ビリボ

何をするものなのか迷ってしまうプラスチック製の、ヘルメットのような、バケツのような、不思議な形のスイス生まれの「ビリボ」。へんてこりんな形だからこそ、「こうしなさい」「それをしてはだめ」といった制約がなく、まさに本能の命じるままに遊ぶことのできるおもちゃです。ある子は凹みにお尻を入れて揺れたり、ある子は砂場でバケツ代わりに使ったり、上に乗ってバランスをとったり、お人形のベッドにしたり、おもちゃ箱にしたり……遊び方、使い方は自由です。いろいろチャレンジしながら体のバランス感覚や筋力なども自然と育まれます。子どもは遊びの天才なので、いろいろな遊び方を発明してくれるでしょう。

取扱い　パパジーノ
本体価格　三、〇〇〇円

Select 4

膨らんだり縮んだり不思議な
しわくちゃボール

ギュッと握るとしわくちゃになって縮まり、離すと元の形に戻る不思議なボール。その秘密はポリウレタンの中身を象の皮膚のようなカバーで覆うという独特の製造法。同じボールでも布ボールやゴムボールとは違ったソフトな感触と弾力感が特徴で、ぶつかっても痛くありません。軽くて柔らかいので、まだ投げたり受けたりできない赤ちゃん、機能回復のためのリハビリテーション、お年寄りの軽い運動にも向いています。投げたり、転がしたりだけでなく、踏んだり、腕で押したり、背中に挟んでおしくらまんじゅうをしたり、いろいろな遊びができる「しわくちゃボール」。一家に一個あると便利なおもちゃです。

取扱い　ボーネルンド
本体価格　サイズに応じて、七五〇〜二、八〇〇円

Select 5

インテリアとしても使える運動遊具
フォームアニマルズ・ゾウ

子どもがいつも動き回っているのは落ち着きがないからではなく、体が運動を要求しているからです。走ったり、飛び跳ねたり、座り込んだり、子どもは動き回りながら体を成長させ、運動能力や動作を体得していきます。

とは言っても、集合住宅の一室で飛んだり走り回られても困ってしまいますよね。そんなとき、子どもの動きたい欲求を満たしてくれるのが、「フォームアニマルズ・ゾウ」です。ご覧の通り、登ったり、降りたり、腰掛けたり、背中をそらせたりだけでなく、逆さにひっくり返せば凹みにまたがってシーソーになったり、室内でもいろいろな体遊びのきっかけを作ってくれます。素材は高密度ＥＶＡ（エチレン・ビニール・アセテート）。適度な弾性があり、滑りにくく、安全性も保障付き。小椅子のようなインテリア用品にも転用できます。他にサカナやワニなどのデザインもあります。

取扱い　ボーネルンド
本体価格　一九、〇〇〇円

Select 6

青空の下で思いっきり
パラシュート（直径三・五メートル）

昭和の時代、外遊びといえば、鬼ごっこや缶蹴り、縄跳びやドッジボールなど、集団遊びが主流でした。年長者が遊びを仕切って年少者は仲間に入れてもらって、一緒に遊びながらコミュニケーションの方法やケンカを収める術など、社会の秩序を学び、精神を鍛えることができました。ところが最近の公園の風景は一変し、ボール遊びが禁止されている公園も多く、母と子が一つの単位で静かに遊んでいたり、グループ遊びもほとんど同年齢同士です。もはや、以前のような遊びができないなら、それに代わる何かが必要です。

「パラシュート」は、多くの場合、学校やイベントなどで使われていますが、身近にあってもよい運動遊具。遊び方は簡単。持ち手を取って、「いっせいのせ！」と皆で声を掛け合って、大空に向かってパラシュートを掲げるだけ。薄い布が空気を孕《はら》んでフワッと広がって爽快感が味わえます。パラシュートの上に桜の花びらや落ち葉をのせてみたり、工夫次第で感動的な瞬間を味わえます。複数の家族やコミュニティで共有してもいいでしょう。

取扱い　ボーネルンド
本体価格　一八、〇〇〇円

フィジカル

Select
7

ファーストバイク
FirstBIKE

Select
8

ライク　ア　バイク
LIKE a BIKE

Select
9

シビ・マックス

Select 7

かっこよく走りたい子どもに
ファーストバイク　FirstBIKE

子どもだってかっこいいものが大好きです。特に男の子はお父さんのように自転車やバイク、クルマの運転をしたいはず。「ファーストバイク」は、そんな子どもたちのチャレンジ精神を刺激してくれます。

乗り物は安全性が第一ですが、ドイツでデザインされてオランダの企業が生産するドイツ生まれのオランダ製品（生産は台湾）なので安心です。両国ともデザインが良くて、しっかりしたキッズ用品の生産国として信頼されている国。安全性や機能性も万全で、思いきり乗り回すことができます。ボディはグラスファイバーを含んだ素材なので転倒やひねり、さびに強く、タイヤも大人用自転車で使われるエアタイヤを使用。ブレーキもついているので、いざという時も安心です。座面の高さも調整できるので二～五歳くらいまで長く遊べます。

乗り物遊びの魅力は、全身を使って、自分が道具をコントロールする満足感。楽しく遊ぶために何より大切なことは、正しい乗り方とマナーです。カラーはレッド、グリーン、ピンク、リミテッドブルーの四種。

取扱い　アンドチャイルド
本体価格　一五、〇〇〇円～

Select 8

父の愛が生んだ ライク ア バイク LIKE a BIKE

強度を確保するために、スチールなどの金属製が大半を占める乗り物おもちゃにあって、「ライク ア バイク」は異彩を放つ存在です。その原型は、幼い子の父親が、息子が乗り物にまたがって一生懸命に地面を蹴って進む姿を見て、手作りしたバイク。だから、金属でなく、比較的加工がしやすい木材が選ばれたのかもしれません。現在は、ものづくりで定評のあるドイツのコクア社で製造されています。

日本では、三輪車→補助輪付き自転車→自転車という流れが一般的です。三輪車でバランス感覚や足腰を鍛えてから二輪車へ進む方がスムースに移行できると考えられています。一方ドイツでは、三輪車よりもライク ア バイクのような補助輪のない、けれどもしっかり足がついて、地面を蹴りながら移動する二輪車から始めるのが一般的。バランス感覚やハンドルの操作、転びそうになったときの姿勢調整など、自転車走行に必要な能力が自然に身に付くと考えられているのです。ライク ア バイクは、木製であっても安全性や強度は大丈夫。車輪は木製で服や足を巻き込まない配慮があり、接続部分もフェルトでカバー、座面も体の大きさに合わせて調整できます。いかにもドイツらしいシンプルで無駄のないデザインが美しく、室内でも違和感がありません。

取扱い　ブラザー・ジョルダン社
本体価格　三七、八〇〇円

Select 9

家具メーカーから生まれた シビ・マックス

十年程前、ニュルンベルグのトイショーで「シビ・シリーズ」を見つけたとき、あまりの美しさにしばし見とれてしまいました。シビ・シリーズには写真のマックスの他にフリックス、トロールなどの乗り物おもちゃがあります。メーカーのサーチ社は、ドイツ、アルゴイ州に拠点を置く木製品メーカー。特に曲げ木技術に優れていて、おもちゃ以外にも家具、ソリ、木製梱包材を生産しています。どれも木の魅力を存分に活かしたモダンデザインが特徴です。社屋はオーストリアの建築家カルロ・バウムシュラガー&ディートマル・エベルレの設計。サーチ社のデザインへのこだわりがわかります。

「シビ・マックス」は、曲げ木によるクルマの形をした乗り物おもちゃ。またぐと子どもの体重に合わせて少したわむ感覚が木材ならではの柔軟性を感じさせます。タイヤも合成樹脂製なので、室内でも遊べます。インテリアデザイナーであるウルフガング・サーチとクリストフ・ヴァルツの二人が、子ども家具シリーズとして開発したもの。足置きもついているので、大人が押したり、引いてあげても楽しそう。

取扱い　（有）ヒロ・コーポレーション
本体価格　二一、〇〇〇円

DOMOTO
LEONIDOV

遊びのレシピ 10

アジトを作ろう

ストックスの先端を結んで骨組みを作ってから、布をかぶせたり紙を張ればアジトは完成。絵本読みやブロック遊びも「特別な感じ」になります。子どもは狭いところが大好き、自分だけの居場所も必要ですよね？　撮影に協力してくれた鳥居慎太朗くんと巧くん兄弟も大満足。

はじめての出会い

ベビーのおもちゃ

最近の子育て雑誌やサイトを見ると、「ゼロ歳からの知育」とか「赤ちゃんの脳の成長」など、何かをしないと乗り遅れてしまいそう！　という気持ちをかき立てる知識や情報が氾濫していて溺れてしまいそうです。この情報洪水を子育てに活かすためには、受け取る側のリタラシーも大切なのでしょうね。

さて、話ができない赤ちゃんにとって、五感から受け取る「快・不快」といった感覚は生死に直接関係します。そのためか、赤ちゃんの遊びは、感覚（五感）への刺激から始まります。何かを見つめる。赤ちゃんは動くものや顔（人でも動物）に興味をひかれるようです。自分に好意をもっているのか、いないのかを直感しているのかもしれません。お母さんの声がしっかりわかっていて、人の声や音を聞き分ける能力もあります。指や手を上手に使えないながらも、ものを握ったり、触ったりしながら感覚を鍛えています。口《こう》唇《しん》期前後には何でも口に入れて家人を心配させつつ、自己表現しているわけです。

　すべてが初体験である赤ちゃんは「今＝瞬間」を生きているともいえます。だからこそ、大切な一瞬を美しいものや心地の良いもの、安心できるもので環境を満たしてあげたうえで、赤ちゃんが自ら育つ力を信じ、見守ってあげることが大切なのでしょう。ある児童心理学の先生がおっしゃっていました。「『親』という字は、木に立って見ると書きますよね」。ここでは、そんな視点から、赤ちゃんの自己表現を助けてくれ、しっかりした親子関係を作ってくれるおもちゃを紹介します。

ベビー

Select 1

メルヘンラトル
オリオンとシリウス

Select 2

赤ちゃんセット

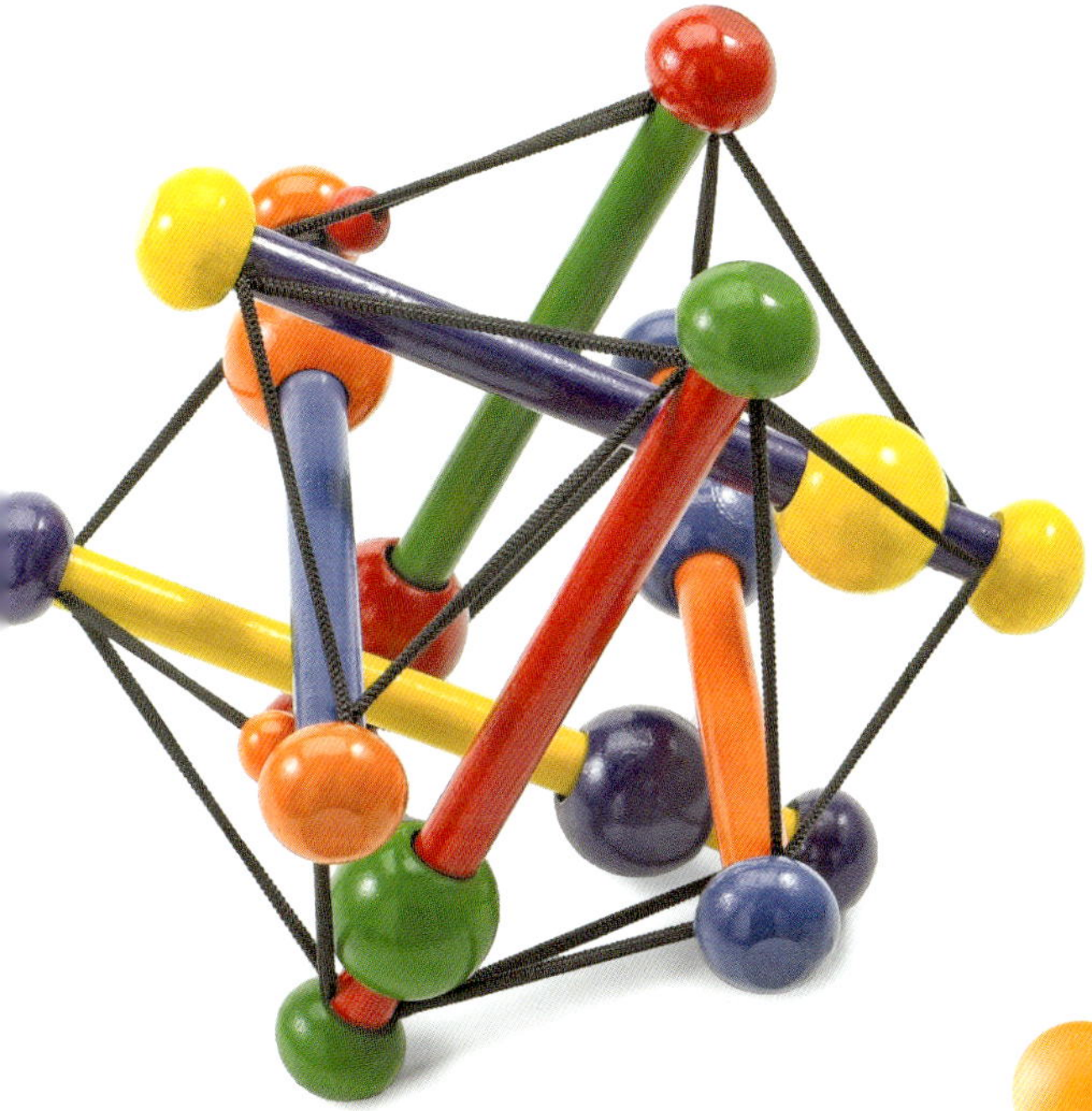

Select
3
スクイッシュ

Select
4
ベリデザインの
クーゲルン

Select
5
ベビーキューブ

Select 1

深い森の妖精の声のような……
メルヘンラトル　オリオンとシリウス

「メルヘンラトル」の原型は古代ケルト民族の球の形をしたオルゴールと言われています。球の中には弦が並んでいて、振ると真鍮製の小さな玉が弦に当たって美しい音を奏でるという仕組みです。いろいろな人工音が溢れている現在、何の音もない静けさ、風や水の流れる自然の音を身近に感じることはとても難しくなりました。

メルヘンラトルの音色は耳を澄まさないと聞こえないかすかな音です。人工音でありながら、深い森に棲む妖精のささやきのような、天空から降ってくる星屑のような、美しい自然の光景を思い起こさせてくれます。大人でも十分に魅力的な透明な響きは、赤ちゃんにも安心できて心和ませてくれる音。赤ちゃんは、振り方の強さや動きによって変化するラトルの音に興味をもって、働きかけるはず。オリオンは二つの玉から奏でられる音が互いに響き合って、無限の広がりを感じさせてくれます。玉が一つで大きな指輪のような形の「シリウス」もあります。

取扱い　おもちゃ箱
本体価格　一〇、〇〇〇円（オリオン）
五、〇〇〇円（シリウス）

Select 2

日本の木の温もりに満ちた
赤ちゃんセット

国土の七割が森林に覆われた日本ですが、林業の衰退が言われて久しい今日この頃です。そんな状況の中、日本各地で木製玩具のプロジェクトが起こりつつあります。日本の風土で育った広葉樹や針葉樹などのさまざまな木材は、手触りや香り、木目の美しさなど、その存在だけで十分に魅力的です。

「赤ちゃんセット」の製造元、なかよしライブラリーも高知県南国市にある小さいメーカー。一つひとつ丁寧に時間をかけて、木材加工から完成まですべて手作り。子どもの絵をそのまま形にしたような素朴で懐かしいデザインが特徴です。特にこの赤ちゃんセットは、赤ちゃんの必須アイテム、ラトル、歯固め、転がし遊具が一つのセットに。「でんでんだるま」や「ゆりかご人形」は、日本の伝統的で素朴なおもちゃです。

製造・販売　なかよしライブラリー
本体価格　一三、〇〇〇円

Select 3

モダンアートのような
スクイッシュ

一見、アート作品のような構造は、六つの基本パーツ（二つの小さい玉と一つの大きい玉がついたバー）が、交錯するように伸縮性のある紐でつながれたもの。赤、青、橙、緑、黄、紫の玉は落ち着いた色調で、黒い紐が全体のデザインを引き締めています。手で押したり、引っ張ったり、転がすと自由に形を変えながら大きな玉が移動して小さな音を発し、手を離すと元の形に戻ります。このように、生き物のように自在に形を変える「スクイッシュ」は、赤ちゃんにとってはまさに不思議の塊。動物や花といったメルヘンモチーフが多い赤ちゃん用品の中で異彩を放つ存在です。単純で明確な構造をもち、モダンデザインの系譜にあるスクイッシュは、大人の感性でも納得できるおもちゃです。

取扱い　ボーネルンド
本体価格　二、五〇〇円

Select 4

美しいおもちゃの代表
ベリデザインのクーゲルルン

ベリデザインのおもちゃは、どれも「モダンアート」のよう。その特徴は、カエデかブナの材料、球や直方体、立方体や円柱などの幾何形態を自由自在に組み合わせたシンプルな造形、美しい色彩のグラデーションにあります。直径二・五センチの球は、赤ちゃんの小さな手でも握ることのできるサイズで、ラトルとしても使えそう。球はゴム紐でつながっているので伸縮性があり、動かすことができます。成長したら、十二個の玉を使って、平面から立体まで、いろいろな形を作って遊ぶこともできます。

ラトルは赤ちゃんが初めて手にする道具。小さい頃から美しい道具に慣れ親しむことは、豊かな感覚や感性を育む基本ではないでしょうか？

取扱い　ブラザー・ジョルダン社
本体価格　一、九〇〇円

Select 5

鈴のように音がする
ベビーキューブ

赤、橙、黄、緑、青、紫の六色の一辺四センチのキューブの中は空洞になっていて、色ごとに鈴や木片が入っています。振ると優しい音が聞こえてくるので、赤ちゃんのラトルとしても魅力的です。成長したら、積み木としてはもちろん、音や色合わせ、数や大きさ合わせなどのエデュケーショナルトイとしても遊べます。製造元は、誠実で安全性の高いおもちゃ作りで知られるドイツのジーナ社。ブナ材を多用し、着色やニスも欧州の安全基準（CE）を獲得するなど、徹底して子どものためのものづくりにこだわっています。

取扱い　アトリエニキティキ
本体価格　一〇、四〇〇円

ベビー

Select 6 チョコはがため

Select 7 動物ボール

Select 8 オーボール

Select 9 ニュースペーパー

遊びのレシピ 11

新聞紙だっておもちゃに

新聞紙は、破る、丸める、折るなどいろいろな遊びが楽しめます。例えば、親子で新聞紙をびりびり破って部屋中に撒いて気持ちをすっきり？　集めて丸めればボールに。遊び終わったらゴミ箱にポイ！　いかがでしょう。

Select 6

本当に食べたくなっちゃう
チョコはがため

ベビー用品メーカー、コンビの赤ちゃん向けおもちゃブランド「スマイルラボ」は、動物や草花をあしらった伝統的なデザインが多いおもちゃの世界に新風を吹き込み、モダンデザインで育ったお母さん、お父さんに「こんなおもちゃがほしかった！」と思わせる斬新なアイテムをラインアップしています。

ラトルと並ぶ赤ちゃん必須のアイテムである歯固めも、素材やデザインは実に豊富ですが、板チョコをモチーフにした現代的な形は異色です。歯の成長に役立つチョコだなんてウィットを感じますよね。このチョコは布製の袋とベルト付きなので、ベビーカーに取り付ければ外出にも便利。暑い夏でも溶けたりしませんので、ご安心を。赤ちゃんは、動いたり変化するものが大好きなので、袋が取り外せる歯固めに興味津々でしょう。また衛生的でもあります。

取扱い　コンビ
本体価格　九〇〇円

Select 7

日本の昔話から抜け出たような
動物ボール

最近のおもちゃがおしゃれで西洋風なデザインが多い中、いかにも日本の昔話から抜け出てきたような、ちょっと懐かしい愛嬌のある「動物ボール」。ウサギやゾウといった万国共通の人気のキャラクターに加え、タヌキやブタ、トラといった選択がいかにも日本的。親しみを感じる理由は、赤い目と耳をもつウサギ、大きな尾っぽのタヌキ、黄色に黒い縞柄のトラなど、子どもが描いた絵のような素朴で単純なデザインにあります。耳や尾っぽなどの突起は、まだボールを握ることができない赤ちゃんの小さい手でも持ちやすいようにとの配慮。また、転がすと、突起があたって思わぬ方向に転がるというハプニングが赤ちゃんを喜ばせてくれます。すべて国内で手作りされた動物ボール。安心して赤ちゃんの枕元に置けるおもちゃです。

取扱い　自由学園工芸研究所
各本体価格　二、〇〇〇円

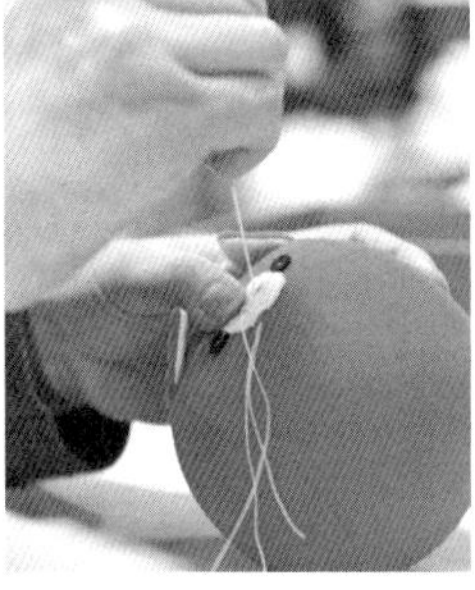

Select 8

ボールの概念を変えた
オーボール

ボールの丸さや量感を面ではなく、線で構成するという画期的なコンセプトから生まれたオーボール。見た目のおもしろさだけでなく、軽くて、持ちやすく、空洞部分を生かしていろいろ楽しめるので、日本で発売されて以来、大人気です。発売元のボーネルンドでは、ボールの中に小さいお人形を入れたり、さらに小さなオーボールを入れて二重使いにするなど、楽しいアイデアを紹介しています。そしてよく見かけるのが、リボンや専用ストラップでベビーカーに結んで、外出用のおもちゃとして楽しんでいる光景です。持ちやすさは、赤ちゃんだけでなく握力が弱いお年寄りやリハビリ用のアイテムにも有効です。さまざまなサイズ、カラーバリエーションがあります。

取扱い　ボーネルンド
本体価格　七六〇円～

Select 9

こんなおもちゃほしかった！
ニュースペーパー

赤ちゃんが新聞紙や雑誌をぐちゃぐちゃにしり、ティッシュペーパーを箱から全部出してしまったりして、困ったことはありませんか？　こうした行為は大人には困りものですが、赤ちゃんにとってはおもしろい遊び。ごわごわした紙の感触やカサカサという音を楽しんでいるのです。

そんな赤ちゃんの欲求を満たしてくれるのが、コンビ「スマイルラボ」シリーズの「ニュースペーパー」。新聞紙をモチーフにしたおもちゃです。布製ですが、紙のように折ったりめくったり、くしゃくしゃにして遊べるだけでなく、音おもちゃや絵本としても楽しめます。子どもは同じ行為を何度も繰り返します。大人にとっては同じことに見えても、瞬間を生きる子どもにとっては毎回が違う発見や出来事なのでしょう。そんな気持ちを満足させてくれ、さらに現代の生活に沿った新しいアプローチのおもちゃです。

取扱い　コンビ
本体価格　一、五〇〇円

ベビー

Select 10 洗える動物　いぬ　うさぎ　ぞう

Select 11 アニマルボーリング

Select 12 ルーピング ウーギー

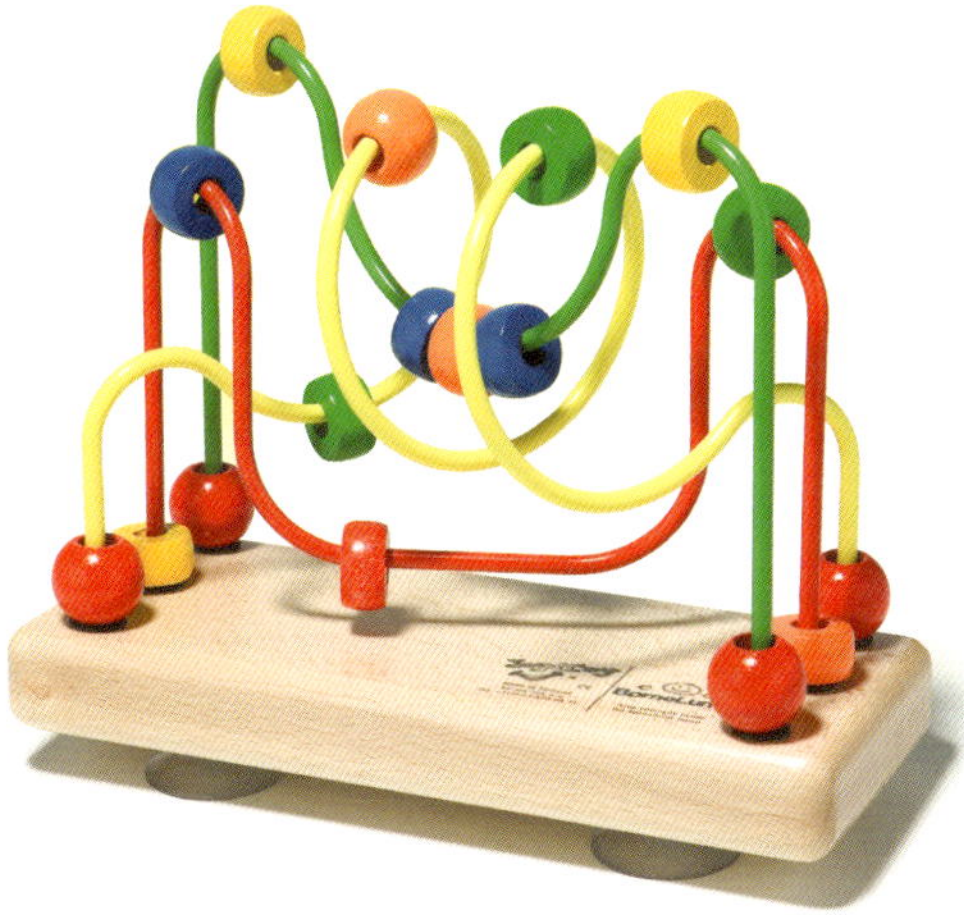

Select 13 リングカード

遊びのレシピ 12

色でコミュニケーション

「色」は、気持ちを表現する万国共通の言語。今日の気分は何色？　黄色？　それとも青？　親子で楽しい、悲しい、眠いなどの気持ちを色で表現し合ったり、色からファンタジーを紡いだり。

Select 10

いつでも清潔

洗える動物　いぬ　うさぎ　ぞう

一九三二年、自由学園の卒業生によって設立された「自由学園工芸研究所」は、八十年以上にわたって、優れた工芸品やおもちゃを作り続けています。その背景には、自由学園のキリスト教精神にのっとった「生活即教育」というポリシーを掲げ、創立者の羽仁もと子が「よく教育することはよく生活させることである」と述べている通り、生活に根差した人間育成がありま す。このような背景から生まれたおもちゃは、子どもにとって生活の道具の一つと位置付けられていて、シンプルなデザイン、気兼ねなく洗濯できる生地でしっかり縫製されています。

「洗える動物　いぬ　うさぎ　ぞう」の二十三センチというサイズは、赤ちゃんも大人もギュッと抱きしめられる大きさ。洗濯ができるので清潔を保てます。いつもそばにいてほしい兄弟やお友だちとして、赤ちゃんの気持ちを受け止めてくれます。自由学園のおもちゃは、ぬいぐるみに限らず、どれも時代を超えて愛され続けるロングセラーです。

取扱い　自由学園工芸研究所

各本体価格　三、五二四円

Select 11

長〜く遊べる

アニマルボーリング

ボーリングのピンとボールがセットになった「アニマルボーリング」は、さまざまなデザインが出回っています。ネットで検索するだけでも十種類以上あり、基本的な機能やサイズはほとんど変わりません。

ここで紹介するのはボーネルンドのもの。製造元のシギキット社は布製おもちゃで高く評価されているドイツのメーカーです。布の選定、縫製、色使いやデザインで安心感があります。六種類の動物型のピンの中にはビーズが入っていて、コロンと倒したり、振るとシャラシャラという優しい音がします。ふわっとした抱き心地なので、ぬいぐるみとしても十分遊べます。赤ちゃんから五、六歳まで長く遊べるコストパフォーマンスの高いおもちゃです。手洗いができるので衛生面も安心。私にとっても、友人、知人の誕生祝いの定番の一つです。

取扱い　ボーネルンド

本体価格　三、八〇〇円

Select 12

繰り返し挑戦できる
ルーピング ウーギー

「Loop＝輪」をもじった「ルーピング」は、カラフルな針金に沿ってビーズを移動させるというシンプルな作りだけに、市場にはさまざまな商品が出回っています。ここでは品質の高さで定評のあるオランダのジョイトーイ社の製品を紹介します。

　大人から見るとすぐに遊び飽きてしまうのでは？　と心配ですが、それは違います。子どもはルーピングの曲がりくねった針金やビーズをジェットコースターや宇宙船に見立てて空想の世界で遊んでいます。また、体を思い通りにコントロールできない子どもにとって、ビーズを摘まむ、針金に沿って移動させるという動作は脳を刺激し、目、手と指を連動して動かす協応能力の育成につながります。そんな機能性からお年寄りやリハビリなど機能回復を目指す医療や介護の現場にも採用されて、ユニバーサル製品として注目されています。写真の「ウーギー」は吸盤付でしっかり定着するので、遊びに集中できます。

取扱い　ボーネルンド
本体価格　五、〇〇〇円

Select 13

絵本のような、おもちゃのような
リングカード・しきさい

作者の戸田幸四郎さんは、文字や色、動物や昆虫をテーマにした絵本を世に送り出し、根強いファンをもつ絵本作家。残念なことに三年前に亡くなりました。そんな戸田さんが大切にしていたことは、「こどもに知識を詰め込ませても、人間性を高めるものではありません。センスを育むことです。センス（心のはたらき）を身につけると善悪の判断力もそなわります」ということ。そして「絵本にも栄養がないとネ。・・・・」というポリシーに沿って、子どもたちが想像力を膨らませることのできる余白がいっぱいある、シンプルで美しい絵本を作り続けました。

　「リングカード」は、おもちゃのように楽しみながら言葉や動物について学べる絵本。「あいうえお」「ＡＢＣ」「どうぶつ」など、全六種類。中でも「しきさい」は、言語や知識を超えて万国共通、老若男女が楽しめる逸品。戸田さんが厳選した四十七色で、表面には色彩とイラストが、裏面に色名と説明が印刷されています。色彩は人間の根源的なセンスに働きかけ、想像力を刺激してくれます。

制作　戸田デザイン研究室
本体価格　二、〇〇〇円

どうぶつ

86

遊びのレシピ 13

光をプラスして

透明なシートを活かしてランプシェードを作ってみよう。作り方は簡単。４枚のシートをテープやクリップでくっ付けて光源を入れるだけ。影絵のように幻想的な物語を映し出してくれます。

写真は「プラスとマイナス」でシェードを作り、中に熱を発さないＬＥＤなどの光源を入れたオリジナルランプ。

大人も魅了する

アーティストによるおもちゃ

ブルーノ・ムナーリは著書『ファンタジア』※注の中で「幼年期には、四方八方から押さえ付けられたり、自分のものではない枠に押し込められたり、なにかのモデルをマネするように仕向けられるべきではない」と述べています。

姪の話ばかりで恐縮ですが、彼女が幼稚園のとき、母と妹（姪の母）が園の会報誌を差し出して、姪が他の園児と違って奇妙なものを描いたと嘆いていました。見ると、多くの園児がアニメのキャラクターを描いているのに、姪は「足の生えた家が歩いている」ような絵を描いていたのです。日頃から姪を実験台にいろいろなお絵描きやクラフト遊びをしていた私は、その成果？に

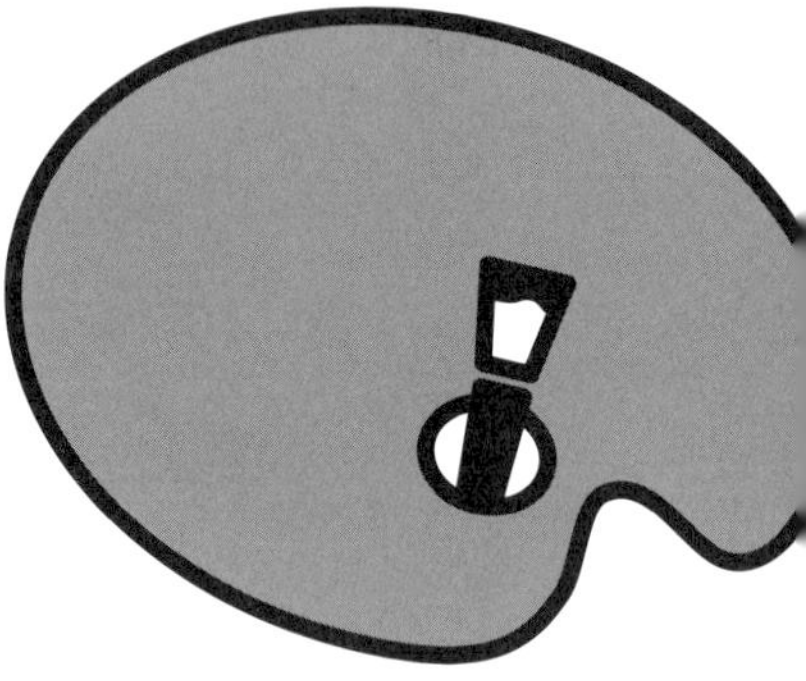

「やったー！」という気持ちになり、「いい絵だね」と姪を抱きしめました。後で話を聞くと、それは以前観たミュージカルの『オズの魔法使い』のかかしを描いたものでした。けれども、このような些細な親の言葉や態度の積み重ねが、子どもを見えない枠にはめることになっていると も感じたのです。

ムナーリは同著で「創造力のある個人とは、絶え間なく進化しつづけるのであり、その創造力の可能性は、あらゆる分野において、絶えず新しい知識を取り入れ、そして知識を広げ続けることから生まれる。創造力を欠いた人とは不完全な人であり、（中略）おそらくいつも創造力のある誰かに助けを求めなければならないだろう」とも述べています。創造力は芸術家や科学者、デザイナーの専売特許ではありません。けれども彼らの子どものような純粋な心がユニークで魅力的なおもちゃを生む原動力にもなっています。ある美意識に貫かれた、それでいて子どもを「枠」にはめてしまうことなく自由に関われ、自己表現できる、そんなおもちゃを紹介します。

※注　出典『ファンタジア』ブルーノ・ムナーリ著、みすず書房、萱野有美訳、2006年

アーティスト

Select
1

ハウス・オブ・カード M

Select
2

バウスピール

Select
3

カラーゴマ

Select 4 ネフスピール

遊びのレシピ 14

自分の遊びをプラス

オリジナルのカードを作って、遊びの幅をグーンと広げてみては？　矢印、渦巻き、丸などの形を描いたり、紐や凸凹を付けたり。カラーゴマに乗せて回転させてみましょう。

Select 1

ミッドセンチュリーの名作
ハウス・オブ・カードM

アメリカの五十年代を代表する建築家であり、デザイナーのチャールズ&レイ・イームズ夫妻。二人は建物や家具のデザインだけでなく、子どもの教育分野でも映画『パワー・オブ・テン』や書籍など、大きな足跡を残しています。

「ハウス・オブ・カードM」は、子どもから大人まで、遊びながらセンスを磨いてくれるプロダクト。ほぼ新書サイズのカードの両面には、夫妻が撮影した美しい風景やセンスのよい図案が印刷されています。一枚のカードは風景を映し出す窓のようでもあり、鏡のようでもあります。カードには切り込みが入っていて、図案や写真を選びながら感覚の赴くままに自由に組み立て、自分だけのオブジェを作ることができます。高く積むことを競ったり、図案に沿って物語を作ったりといろいろ遊べます。小さい頃からこんなカードで遊んでいれば、美しさへの感性やデザインマインドを磨けるのではないでしょうか?

S、M、Lの三サイズあります。

取扱い　ハーマンミラーストア

本体価格　四、八〇〇円

Select 2

あのバウハウスが生んだ
バウスピール

第一次世界大戦後の一九一九年、ドイツのワイマールで起こったバウハウスは、産業と芸術の融合を目指したデザイン運動でした。そしてアートのみならず、建築からプロダクトまでモダンデザインの基礎を築き、今日までのものづくりに大きな影響を与えてきました。そんなバウハウスは、「子どものおもちゃは教育的であると同時に、ファンタジーと喜びに溢れ、創造性を引き出すものであるべき」と主張し、数多くのおもちゃをデザインし、今日も受け継がれています。

その代表が「バウスピール」です。「スピール」はドイツ語で「おもちゃ」の意味なので、ずばり「バウハウスのおもちゃ」というわけです。これは船をモチーフにした積み木で、大小さまざまな形の二十二個のピースで構成されています。積み木としてだけでなく、船底の形をしたピースを活かしてバランスゲームも楽しめます。赤、青、黄、緑、白の基本色は、明度と彩度ともに抑えられた落ち着いた色合い。蛍光色が氾濫する現代生活の中で、子どもを惹きつけるための派手な色ではないところがむしろ新鮮です。

取扱い　アトリエニキティキ

本体価格　一八、〇〇〇円

Select 3

色を発見し、色と遊ぶ
カラーゴマ

バウスピールに引き続き、バウハウスから生まれた「カラーゴマ」です。シンプルな生成りのコマの上に七種類のカラーカードを乗せて回転させるというものですが、回し方によっていろいろな視覚効果が楽しめます。各カードは単にきれいなだけでなく、ゲーテの色彩論に基づく図柄、色の三原色を表現した図柄など、バウハウスらしいしっかりした色彩やデザイン理論にのっとっています。

とはいえ、子どもにとってはそんな理論よりも、回転のスピードによってカードの色や表情が変わる不思議に触れることの方が大切で、色彩やデザインに興味を持つきっかけになれば……と思います。また、七種類のカードで十分遊んだ後は、厚紙や布を使ってオリジナルカードを作っても楽しそう。色だけでなく、パラパラ漫画などにも挑戦してみてはいかがでしょうか?

取扱い　アトリエニキティキ
本体価格　六、〇〇〇円

Select 4

ネフのおもちゃの原点
ネフスピール

世界中で愛されているネフ社のおもちゃ。そのネフ社の創設者であるクルト・ネフさんが一九五八年に考案したのが、この「ネフスピール」です。各ブロックは一辺五センチの立方体を斜めにカットした手の込んだ形。真横から見れば蝶のように、真上からは正方形、斜めから見ると四つの角のある複雑な形とさまざまな表情を見せます。この斜めの切り込みのおかげで、並べ方、積み方のバリエーションがとても豊富。垂直、水平に積むことが基本の普通の積み木に比べると造形の可能性が大きく、お家や橋などの具象的なものよりも、パターンなどの抽象的な造形遊びに適しています。

積み木などのコンストラクショントイは、構成の仕方に特徴があるので、しっかり見極めて子どもに与えたいものです。ネフスピールは形だけでなく、色彩も赤、青、緑、黄と美しい四原色。塗装も美しくカエデの木目がうっすら見える透明感のある丁寧な仕上げです。他の積み木と組み合わせると、想像力と表現の幅はさらに広がるでしょう。

取扱い　アトリエニキティキ
本体価格　一六、八〇〇円

Select 6 キュービックス

アーティスト

Select 5 ルッカ

Select 7 セラ

Select 8 ブチのパズル

Select 5

イタリアの古塔を連想させる
ルッカ

ルッカはイタリアのトスカーナ地方にある城壁に囲まれた中世の面影がそのままに残っている小さい街。その街のシンボルが「グイニージの塔」で、「ルッカ」はこれをイメージしてデザインされています。

作者であるイタリア生まれの富永周平さんは、塔の中をくり貫いて、白×赤、白×黄、白×青、白×緑、五原色の美しいブロックを詰めたおもちゃをデザインしました。塔の下にはアーチ状の大きな開口部があって、そこから三サイズ（四×四×四・四×四×二・四×四×一センチ）のブロックを引き出していくと、カシャッという乾いた音とともにブロックが現れ、同時に塔内のブロックが減るという仕組み。大人には当たり前のことでも、子どもにとっては不思議な現象です。ブロックを引き出す度にカシャッという音と塔の表情が変わるので、飽きることなく何度も繰り返して遊べます。積み木やドミノ遊びはもちろん、三サイズのブロックを上手に使えば数や大きさなども学べます。

取扱い　工房マーパ
本体価格　一三、二〇〇円

Select 6 7

巨匠ペア・クラーセンの名作
キュービックスとセラ

三メートル離れたところから「キュービックス」と「セラ」を見たら、同じサイズ（一辺十センチ）の立方体に見えるでしょう。一メートルのところから見たら、それぞれ違った切り込みが入っていることに気づきます。そして実際に手に取って見ると、二つの立方体はまったく違った世界観を表現していることに驚きます。

「キュービックス」は「立方体は小さな立方体の集合」という考えで、基尺二・五センチの立方体を基にした独特の形のブロックから構成されています。そのため、多くの木製ブロックは水平や垂直にしか並べることができませんが、立方体の角を上手に活かして四十五度の方向にも積んでいけます。キュービックスは無限の積み方が考えられ、造形センスを磨くことができます。

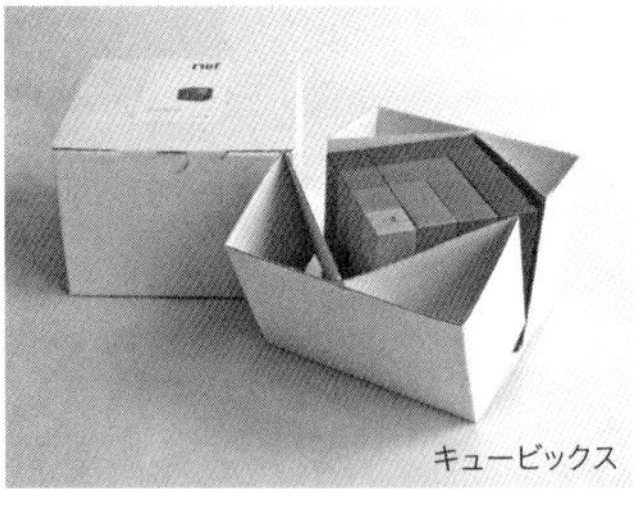
キュービックス

一方、「セラ」は立方体の面に着目したデザインであり、色（生成りの場合は質感）とブロックの大きさのグラデーションが大きな特徴です。難易度が高めのブロックですが、普通のものに比べて、三つの面が集まる部分の角が凹んでいるので、積み方の可能性がグーンと大きくなっています。

作者のペア・クラーセンはドイツの造形作家で、おもちゃデザイナー。他にも「アングーラ」「ダイアモンド」などの幾何学をテーマとしたブロックをデザインしています。彼にインタビューをしたときにセラのブロックを均等に並べ、マレットで軽く叩いてシロフォンのような遊び方を披露しながら、「人は楽しむことで元気になるよね」と語っていました。今も強く心に刻まれています。

取扱い　アトリエニキティキ
本体価格　二一、〇〇〇円（キュービックス）
　　　　　二二、〇〇〇円（セラ）

セラ

Select 8

現代的なカラーが楽しい
ブチのパズル

「ブチ（buchi）」は、オムロンの体温計などで知られるプロダクトデザイナーの柴田文江さんが、木工メーカーとコラボレーションして開発したおもちゃシリーズ。木の素材感と、日本のクラフトマンシップの技術を最大限に活かして、大人も楽しめるおもちゃに仕立てました。ブチシリーズには、この「パズル」の他に、椅子、おもちゃ箱、クルマ、ドミノがあります。共通しているのは美しい色彩が施された木の「淵＝ブチ」。ネーミングもここから来ています。

「パズル」は、四角の枠と中のクロスが一対となって七組、計十四個のブロックと輪投げの棒のようなパーツでできています。積んだり並べたりするだけでなく、形や色合わせなどの知育的な遊びもできます。パズルとして遊んだ後に棒に差せば片付けられて、インテリアとしても楽しめます。子どものおもちゃというと、赤、青、黄、緑、白の五原色を使ったものが圧倒的に多い中、現代生活にマッチした色彩は子どもだけでなく、大人にも魅力的です。

取扱い　酒井産業
本体価格　六、八〇〇円

Select 9

プラスとマイナス

アーティスト

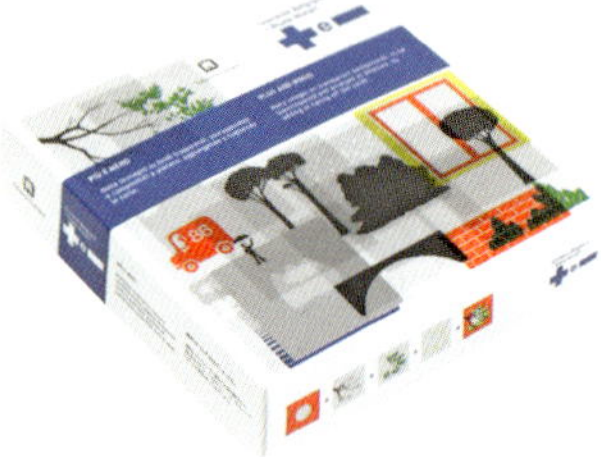

遊びのレシピ 15

透明を満喫

「プラスとマイナス」の透明シートを窓に貼り付ければステンドグラスに。殺風景な風景もメルヘンの世界に早変わり。その日の気分を表現してみてはいかが？

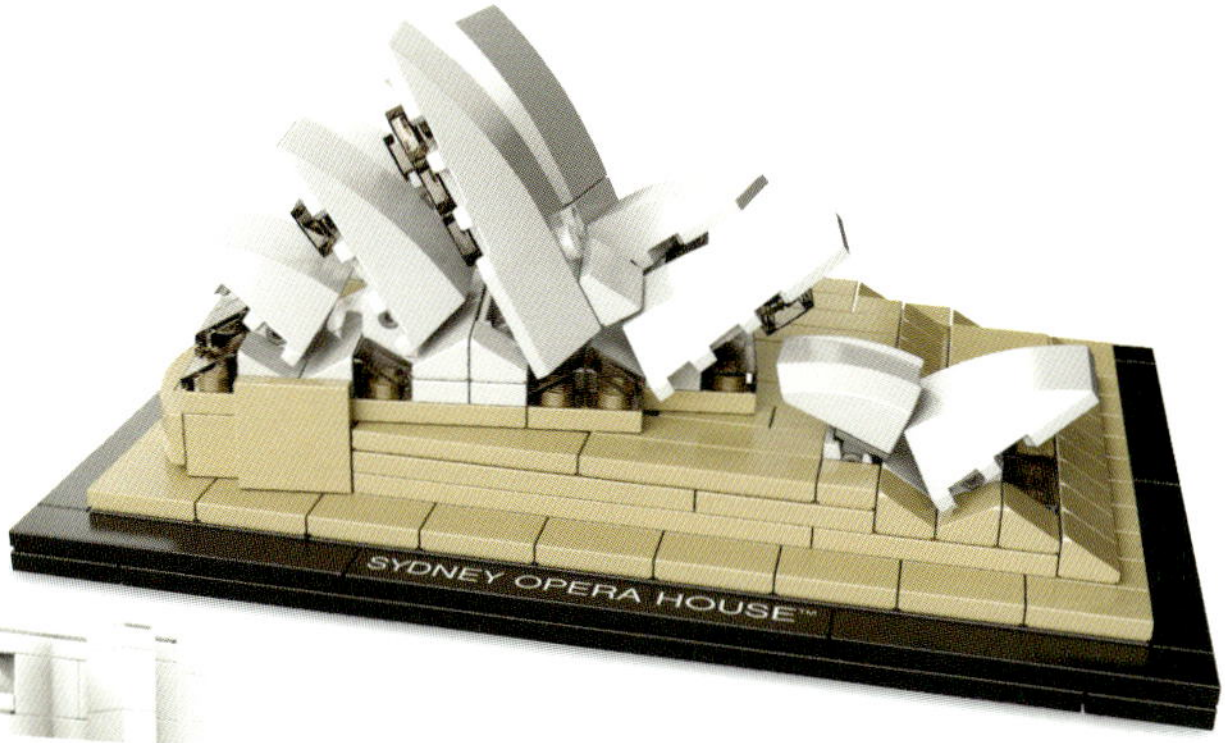

シドニー・オペラハウス

サヴォア邸

Select 10 レゴ アーキテクチャー

Select 4 ノシリス キュリオシリーズ

Select 9

ブルーノ・ムナーリの名作が復刻
プラスとマイナス

ブルーノ・ムナーリはイタリアのアーティスト、デザイナー。イタリア未来派のメンバーとしてスタートして以来、デザイナーとしても家具や日用雑貨を手掛け、その幅広い活動で知られています。中でも彼が力を注いだのが、子どものための絵本やおもちゃの創作、ワークショップの企画運営などです。日本でもムナーリの人気は高く、各地で展覧会が開催されています。彼の絵本やおもちゃの愛好家は多く、今でも復刻版を通してムナーリの子どもへの眼差しを体感することができます。

ムナーリ作の数あるエデュケーショナルトイの中でも、「プラスとマイナス」は特に人気があります。プラスチック製の透明シートには、人、木、建物の一部、クルマなどの具象的な図柄、あるいは雪や風を連想させる抽象的な図柄が描かれており、それらを一枚ずつ重ね合わせていくとさまざまなイメージが現れます。ライトテーブルがあれば最高ですが、白い紙やテーブルの上でも図柄は十分に引き立ちます。デジタル技術が発達している現在、映像技術を使ってアニメーション制作も手軽に楽しめるでしょう。子どもだけなんてもったいない、親子でとことん遊んでほしい、ムナーリの子どもたちへのプレゼントです。

取扱い　ヤマギワオンラインストア
本体価格　七、八〇〇円

Select 10

建築マニアもうなる
レゴ アーキテクチャー LEGO® Architecture

小さな「レンガ」にもたとえられるレゴ。建物造りと相性がよいので、レゴで遊んだことのある人ならば、一度はお家や建物を造った経験があるはずです。レゴを一つずつ積み上げていく作業は、まさにレンガを積んで建物を造っていくプロセスそのものです。

「レゴ アーキテクチャー」はブロック好き、建築好きにはたまらない一品。現在は「ビッグベン」「ブランブルク門」「ホワイトハウス」といった誰もが知っている記念碑的建築物に加え、ル・コルビュジエの「サヴォア邸」、フランク・ロイド・ライトの「落水荘」や「グッゲンハイム美術館」、ミース・ファン・デル・ローエの「ファンズワース邸」など、ファン垂涎の建築物など、全十五種類があります。建物の背景や作り方の説明が図とともに記されたブックレット付き。ブロックを組み上げながら、建築家の考えやイマジネーションに近付けそうです。子どもと一緒にゆっくり時間をかけて遊んでください。

取扱い　hhstyle.com 青山本店
本体価格　二、五〇〇～二五、〇〇〇円

Select 11

くるっと形が反転する
ノシリス　キュリオシリーズ

長く音響機器のデザインに携わっていた作者の飯田吉秋さんは、孫の誕生を機に、今までになかったおもちゃを作って孫の笑顔を見たいと思ったそうです。集合住宅の中での子育ては、子どもが発する音に神経質になりすぎてストレスが溜まる一方。そこで、落としても静かで、指先遊びからブロック遊びまで楽しめ、工業デザイナーならではのアイデアにこだわった結果、行き着いたのが独特の感触で可変性にも富むシリコン素材でした。

その特徴を最大限に生かした「ノシリス　キュリオシリーズ」は、指先を使ってひっくり返すと、スペードからハート、蝶から四角、丸からウサギ、三角からクローバーに早変わり。その鮮やかな変身ぶりに子どもは大喜びです。こうした発想は、工業デザインで使っていたＣＡＤというコンピュータ技術によるもの。今までになかったブロックは、ドイツの権威あるｉ Ｆデザイン賞も受賞。子どもからお年寄りまで、みんなで楽しめるユニークなおもちゃです。カラーは赤、黄、緑、青の四色の他、パステルカラーもあります。

取扱い　アイ・シー・アイデザイン研究所
本体価格　一、四〇〇〜四、八〇〇円（二個〜八個セットまで）

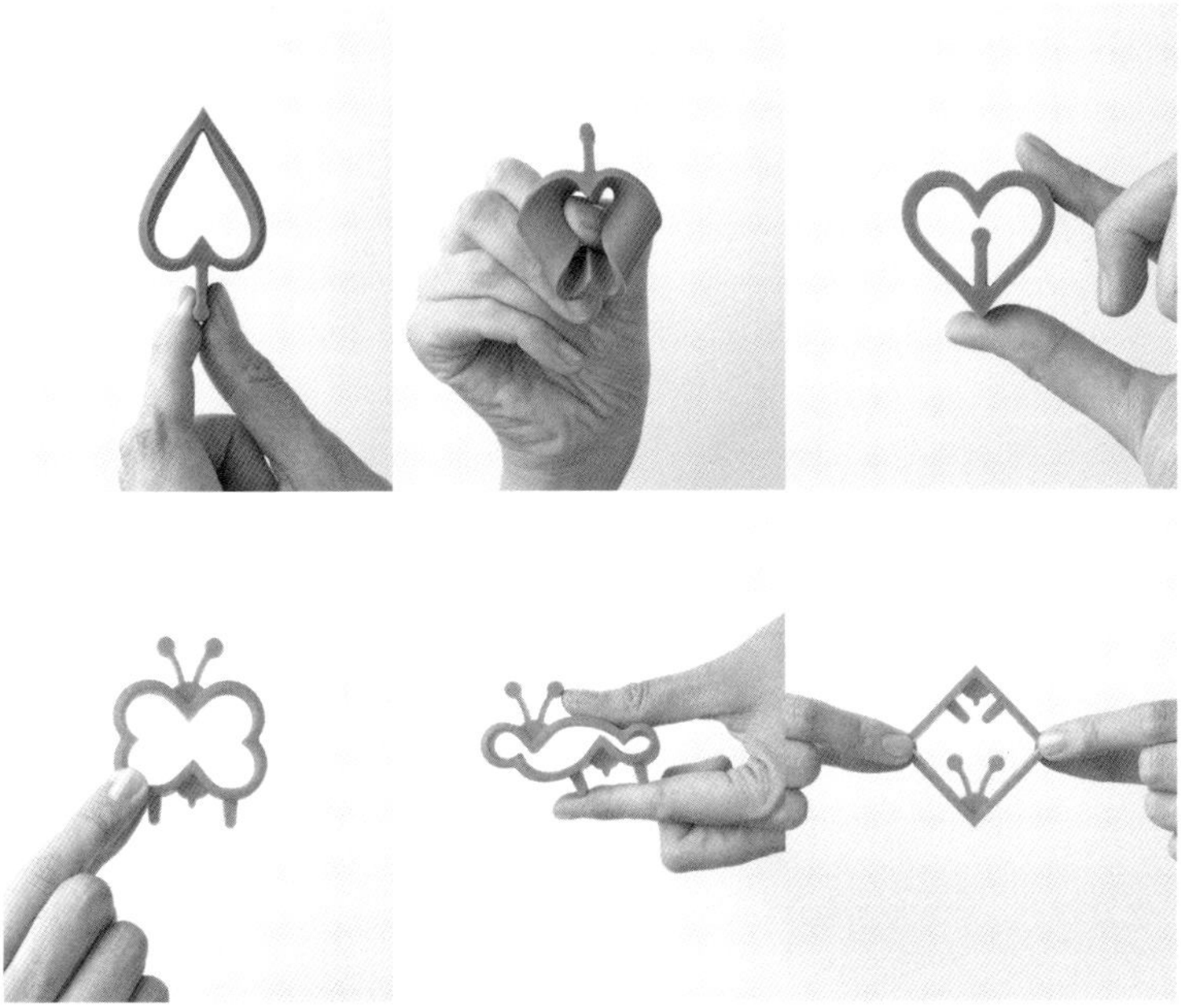

アーティスト

Select 12 いろくみ

Select
13

トーテム・ツリー・オブ・ライフ

Select
14

おはなしづくりゲーム

Select 12

色彩のプロがデザインした
いろくみ

家電などのプロダクトのカラープランナーとして活躍している小倉ひろみさんが考案した色と形遊びのためのカードセット。大、中、小サイズの丸、三角、四角、楕円のカードには一カ所に切り込みが入っていて、それを差し込みながら造形します。カードの表裏は色違いになっているので、形だけでなく色の組み合わせも楽しめます。

小倉さんは最初、総合大学の学生たちの教材として「いろくみ」を制作したところ、思わぬ評判となり商品化に踏み切りました。一見、とてもシンプルに見えますが、芯となる厚紙の両面に色紙を貼り付け、手作業で打ち抜いているという、とても手の込んだ作り。なので、少々高めです。商品は、七十二ピース入りで、ビビッドな色彩を集めた「光」、モノクロのグラデーションに青を加えた「水」、茶系を主体とした「大地」の三シリーズに加え、二十四ピース入りのピッコロセットもあります。

取扱い　スタジオピーパ
各本体価格　シリーズセット「光」「水」「大地」
八、九〇〇円
ピッコロセット1、2
二、八〇〇円

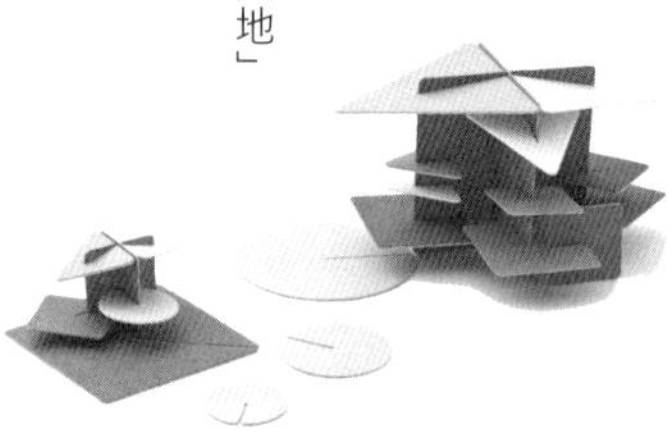

Select 13

オランダ生まれのインテリアトイ
トーテム・ツリー・オブ・ライフ

イームズ夫妻の「ハウス・オブ・カード」にも通じる、デザイナーならではの美意識から生まれたインテリアトイ。インテリアトイとは、インテリアグッズとして十分魅力的なトイという意味で使っています。

パリ、ロンドン、アムステルダム、ミラノなどのヨーロッパの都市部の住宅を訪問すると、限られたスペースなのに、その人らしくすてきに暮らしていて感心します。彼らのインテリアのセンスは、子どもの頃からの遊びや部屋のデコレートで鍛えられているのです。

「トーテム・ツリー・オブ・ライフ」は、オランダ生まれのブランド「キッドソンルーフ」の一つで、さまざまな図案が印刷されたパーツを自由に組み合わせて木の形に作りあげていきます。出来上がったら、鍵やアクセサリーを掛けて、日用品として活用することもできそうです。他に動物やお家などのアイテムもあります。

取扱い　津田商会
本体価格　五、四〇〇円

Select 14

世界的デザイナーによる
おはなしづくりゲーム　Il gioco delle favole

イタリア人デザイナー、エンツォ・マリは家具や生活用品と同じように、子どものための教育的なおもちゃや絵本作りにも力を注いでいます。

「おはなしづくりゲーム」は、一九六五年にデザインされたロングセラー。ウサギがプリントされた黄色いパッケージを開けると、中から六枚のシートが出てきます。シートの両面は、大きな草原の1日（朝、昼、晩）の様子が、四十種類以上の植物、動物などと一緒に描かれています。さらにシートには上下、二カ所の切り込みが入っているので、それを組み合わせると立体絵本になります。つまりコンストラクショントイのように組み立てても楽しめ、そこに登場する絵柄でいろいろな物語を作って遊べるわけです。図柄はどれも美しく、組み立てて置いておくだけでもインテリアとして楽しめます。ページが固定している絵本と違い、自分で物語を作ることができるので、お話の展開は無限です。このシートを背景に、人形やミニチュアカーなどロールプレイも楽しめそうです。

取扱い　hhstyle.com 青山本店
本体価格　四、五〇〇円

Essay 1

おもちゃの創造者たち

おもちゃ作家たち

本書は自己表現力を育むという視点でおもちゃをセレクトしていますが、それらは偶然にも小さい組織や個人が生産しているものが多く、背景にはいくつかの共通点がありました。一つは売り上げを伸ばしビジネスを拡大することよりも、納得できる製品作りを重視していること。二つめは、コミュニティの創造やサスティナブルな生産システムまでを視野に入れていること。三つめは彼らのおもちゃが時間を超えて魅力的であるように、その姿勢もまた人々を納得させる思想的な裏付けがあることです。さっそく、作り手たちを訪ねてみましょう。

手間ひまを惜しまないものづくり

一九三二年の創業以来「人々の生活ために、その美しさのために、その豊かさのために、その進歩のために」という思想を守る自由学園工芸研究所のおもちゃは根強い人気があります。その魅力は日本的な造形や色彩、物語性です。例えば、人形は黒髪の直毛おかっぱ頭で典型的な日本の女の子の姿（八十四頁）、ぬいぐるみは昔話から抜け出てきたような親近感のあるデザインです。

これらのおもちゃは一つひとつ手作りされていて、布の型取り、裁断、縫製、綿入れ、顔付けなどの工程に沿って、全国四十名ほどのスタッフがネットワークを組んで作業にあたっています。池袋の自由学園明日館にある工房を訪問すると、数名のスタッフがテーブルを囲んでぬいぐるみの綿詰めの最中でした。丁寧に縫製された動物たちの胴体に綿やオルゴールを詰めていくので、一日にできる数も限られています。作り手の手間ひまと、親から子への継承という「時間」の大切さを再認識させてくれます。壊れたら修理もしてくれます。

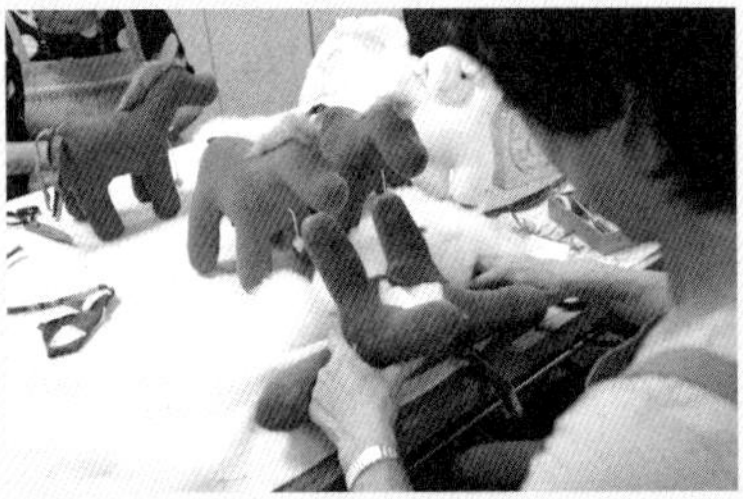

裁断から縫製、顔作りまで、子どもがどんなふうに遊ぶのかを想像しながら作業にあたります。

おもちゃが作るコミュニティ　最近は外で働く母親も多く、家事の外部化が進みました。お金を払えば、洋服や日用品、娯楽や食事さえも手軽に買える便利な社会ですが、「家族の営み」という視点から見ればどこか寂しさを感じます。

「アニカ」（八十五頁）にはおもちゃを通して人の交流を作りたい、そんな願いが込められています。ネットで検索すると「アニカクラブ」とあるように、アニカという個性を持ったお人形を中心としたコミュニティが最大の魅力です。作者の江島道子さんは、元は経営コンサルタントというバリバリのキャリアウーマンでしたが、子育てをきっかけに母親のお手製人形を懐かしく思い、ほど良い重さ、毛糸の髪の毛、抱きしめたくなる手触り、感情移入できる温もりある人形作りを思い立ちました。

現在は少量しか生産できず利益もほとんどありませんが、コミュニティ作りという目標は着実に前進しています。着せ替え用の服やキットなどの周辺アイテムを少しずつ増やしながら、百貨店でのイベント、保育施設、フェイスブックを通じて輪が広がっています。

おもちゃを中心にものづくりコミュニティの実現を目指すのは、「クビコロ」（十八頁）などの作者、富永周平さん。イタリアのローマ育ちで、現在は日本の木材と高い木工技術を活かした南会津の職人との共同の「マストロ・ジェッペット」、自らの工房でアート性を追求し長く愛用される「工房マーパ」、そして髙島屋オリジナル「南会津工房『き』」という三ブランドを手掛けています。イタリア時代は家具などをデザインしていた富永さんのコンセプトはユニークで、多くのおもちゃが「構成遊び」「ままごと」などの目的から始まりますが、彼は「親子がゆっくり過ごし

百貨店などで行っている「アニカ」の服作りワークショップ

ている風景をイメージする」ことから発想します。一緒に遊ぶことも大切だけれど、親子が互いの気配を感じながら場所と時間を共有することもかけがえのない体験であると考えているからです。

そんな富永さんの目標は、南会津の行政、木工場や職人、教育機関など地域全体を巻き込んだ「おもちゃ」を核としたコミュニティとネットワークを創造すること。それが、福島県が原発事故の痛手を克服する原動力になると信じています。こうした森林の保全や間伐材を利用したサスティナブルなものづくり、地域作りは南会津に限らず日本各地に広がりつつあります。

南会津の職人さんたちの仕事ぶり

遊びと学びを一つに

プロダクトデザイナーの小倉ひろみさんは、教鞭をとる青山学院大学での授業のツールとして、「いろくみ」（一五〇頁）を作成しました。授業は、特定のテーマに沿って一人ないしグループで、いろくみを使ってイメージを表現し、意見交換するというもの。その目的は多様性を認め合い、自分を見つめることです。私は彼女の話を聞きながら、その授業はまさに本書のテーマでもある「自己表現」、「創造と発見」であると感じました。

いろくみは組み立ての困難さや表現上の失敗を感じさせないためにパーツの色調や形状はシンプルで、どのように構成しても美しく見えるようにデザインされています。最近では子どものワークショップにも活用され、色（明度や色相）、形（丸、四角）など、造形の基本を学ぶ機会も提供しています。

いろくみのワークショップ。イメージの表現が心を見つめることに。

落合けいこさんのぬいぐるみ（九十五頁）は、自然の学びと発見のきっかけとなります。彼女が運営する「やまね工房」は熱海の山側にあり、野生の動物や鳥、昆虫は身近な存在。彼女にとってぬいぐるみ作りはまさに「自然からのメッセージ」を伝えること。大自然に分け入って写生し、図鑑も参考にしながら動物がもっとも生き生きとしている様をスケッチします。その後型紙を起こし、布地を厳選して裁断し、一つひとつ縫製して綿を詰めるという手作業から生まれる動物たちの表情は微妙に異なり、まるで個性を持っているかのようです。子どもは大人以上の直観力があるので手間ひまをかけたものを見分け、乱暴に扱ったり、捨てたりはしないはず。落合さんのぬいぐるみは、友でありペットとして子どもの気持ちを引き出しくれます。

熱海の工房で手作りされるぬいぐるみたち

遊びの本質を探求　女子美術大学の同僚であり、ドイツのジーナ社の「オッティ」の作者であるおもちゃ作家のねもといさむさんは、二〇一二年春まで三十年余り、杉並区で「プレイワーク」という創造アトリエを主宰。多いときには二〇〇人近くの子どもたちが通っていました。現在は女子美でときどき教えながら、新たな活動拠点を建設中です。本書では残念ながらねもとさんのおもちゃを紹介できませんでしたが、私が彼の活動に興味をもったきっかけは、「造形遊びチャート」（図1）など、子どもの遊びと創造について独自の方法論を探求していること。遊びを体系的に考察している人は意外と少ないのです。

ねもとメソッドによると、子どもの創造活動は「図1」にあるように縦軸「発散―集中」、横軸「キネーシス―エネルゲイア」という座標内に位置付けられ、「発散」とは精神の解放感・高揚感、カタルシスにつながる行為、「集中」は精神の集中と緊張を要する行為であり、対峙するものととらえています。私は、「発散と集中」は呼吸のように表裏一体化したものと考えており、同じ言葉でもとらえ方の多様さを感じます。

そして「キネーシスーエネルゲイア」はアリストテレスが唱えた概念の転用で、「エネルゲイア」は行為そのものが目的である行為、つまり完成やゴールよりもプロセスに価値を置くこと。一方、「キネーシス」はプロセスよりも目的や完成度の高さに主眼を置いたもの。遊びによって座標の位置が変わって来るのです。さらに、彼が考える優れたおもちゃとは、基本要件（普遍性、独創性、安全・清潔性、倫理性、耐久性）と魅力要件（創造的、美しさ、面白さ）を満たしたもの（図2）。おもちゃ作りを構造的に考える手がかりになるはずです。

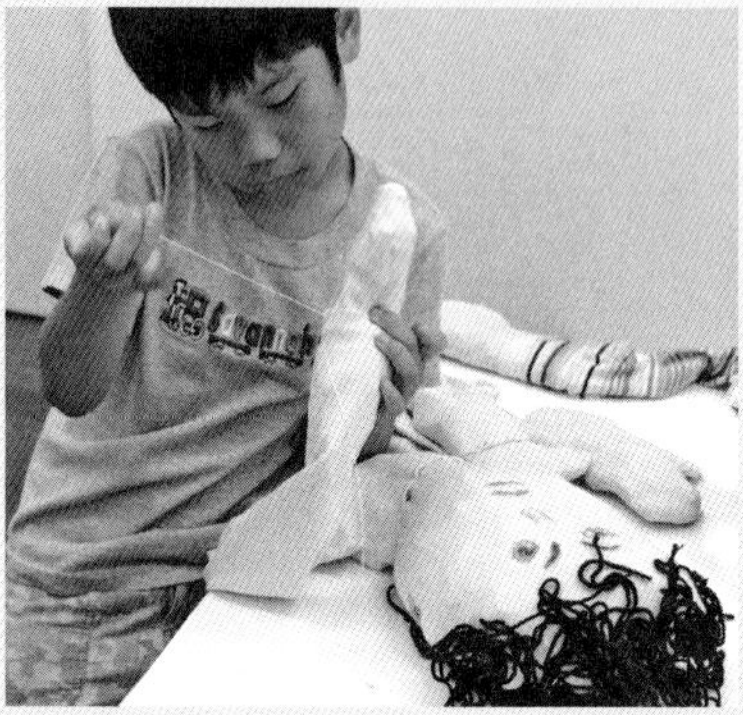

ねもとさんの創造アトリエの様子

図1

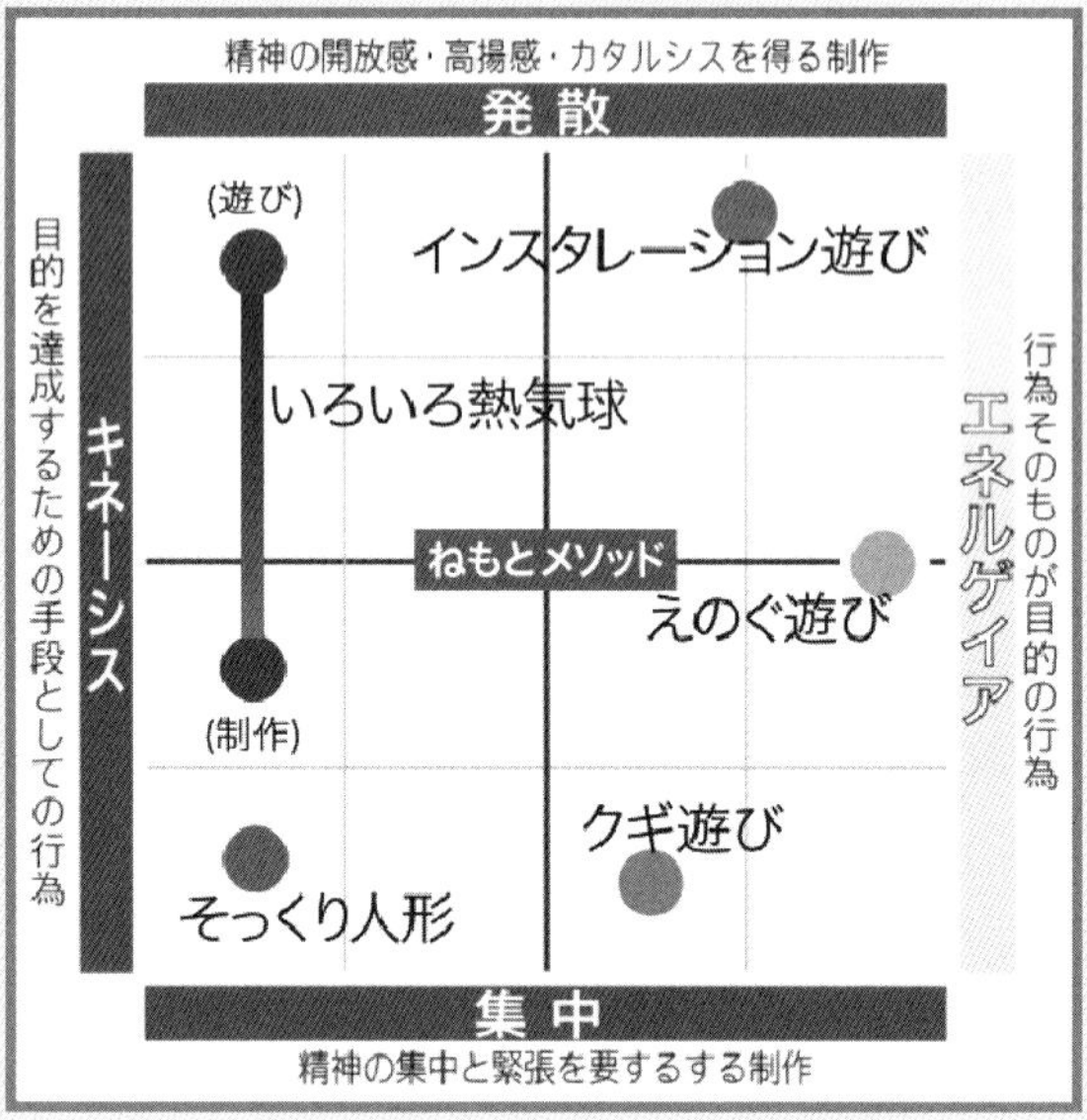

© ねもといさむ

図2

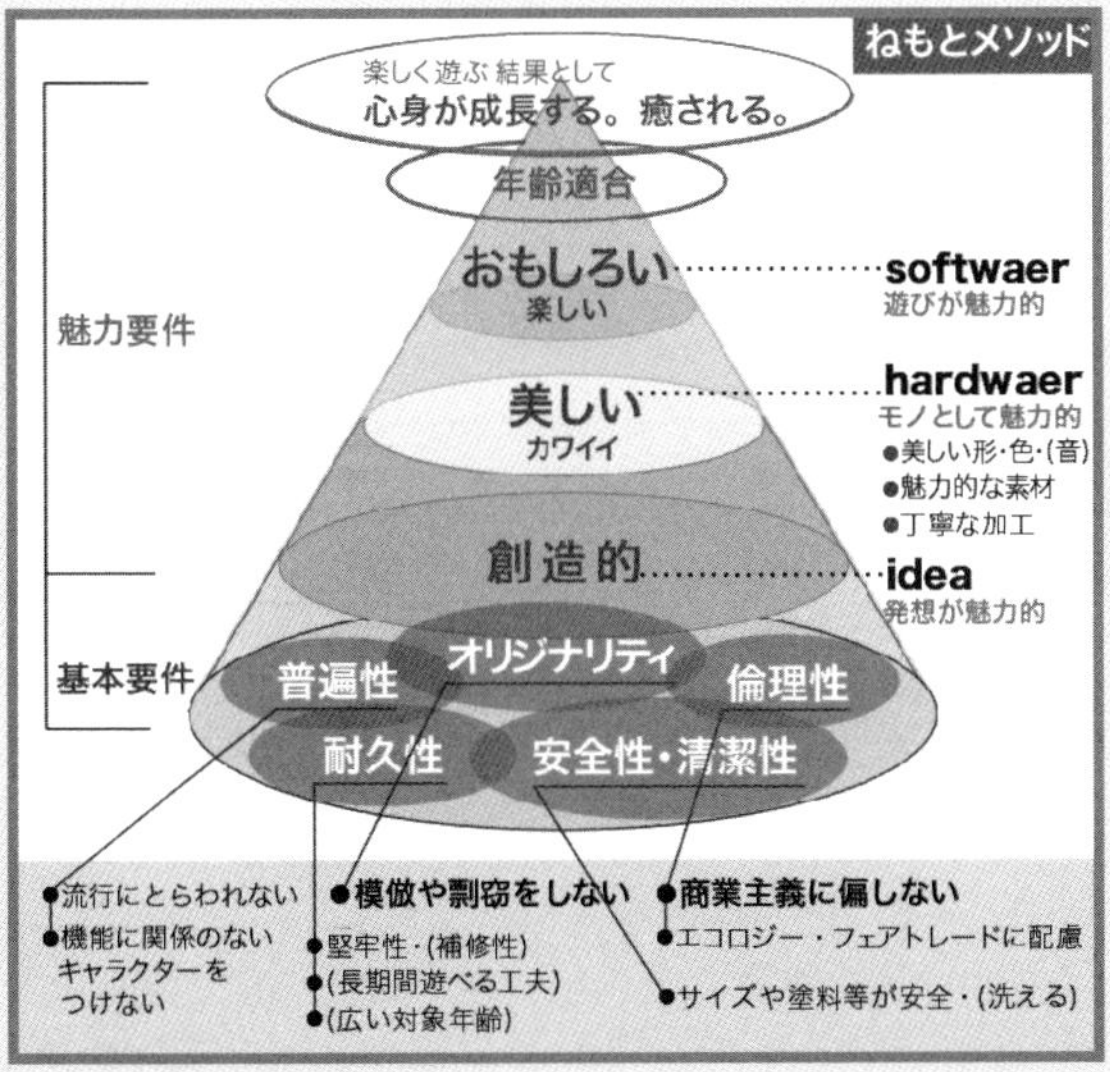

おもちゃが開く未来　ここでは取り上げませんでしたが、おもちゃ作りはフェアトレードや社会的共同体、NPOなどの活動とも親和性があります。例えば、「ストックス」（二〇六頁）を扱うキャストジャパンはエコやフェアトレードのおもちゃを多く紹介しており、「マヤ・オーガニック」というブランドは、子どもたちの就学を目指して活動するインド南部カルナタカ地方のNGOが生産するフェアトレード商品です。

また、「アルビスブランの積み木」（十四頁）、「コロイ キンダーハープ」（八十頁）は、知的・行動障害を持つ人たちと健常者が共生する共同体が生産しています。こうした活動の多くはシュタイナーの思想を背景にした「キャンプヒル運動」の影響下にあり、社会的に弱い立場の人たちの自立を目指しています。おもちゃ作りは、彼らのゆっくりしたペースと誠実なものづくりに適しているのです。

手作りおもちゃの時代が来る？　そして最後に私がおもちゃの作り手として注目しているのが、子どもの祖父母や両親、そう、あなたです。最近注目の「3Dプリンタ」をご存知ですか？　立体コピーと表現したらいいのでしょうか、コンピュータ内のデータを三次元オブジェに再現する技術です。そして、３Ｄプリンタを核としたものづくりの拠点として始まったのが、アメリカ、ボストンのマサチューセッツ工科大学の教授が提唱したデジタル工作工房「ファブラボ」です。ファブラボジャパンによれば、「ファブラボは、個人による自由なものづくりの可能性を広げるための実験工房です。３Ｄプリンタやカッティングマシンなどの工作機械を備え、人々にデジタル・ファブリケーション技術の利用機会を提供することで、『作る人』と『使う人』の極端な分断の解消を目指します」という、まさに開かれた市民工房です。こうしたものづくりの環境は今後増えていくでしょう。そして、子どもと一緒に世界に一つだけのおもちゃを作る……これこそまさに最高の遊びであり、自己表現の楽しさを子どもに伝えられる絶好の機会ではないでしょうか。

2013年夏、横浜で開催された第９回ファブラボ代表者会議で設けられた「スーパーファブラボ」。一般市民によるイノベーションの場として注目されている。

Essay 2

子どもの遊びの今

自尊感情と自己表現

ある時、「日本の子どもは世界一孤独」という新聞の見出しが目に飛び込んできました。それは、二〇〇七年にユニセフが経済開発協力機構（OECD）に加盟する二十五カ国の十五歳の児童を対象とした意識調査で、日本の子どもの実に二十九・八パーセントが「孤独を感じて」おり、その数値は他の先進諸国と比べて突出したものであるという内容でした。平和で安全で、豊かであると言われる日本（実際は、二〇〇九年のユニセフの報告書では、日本の貧困率は十四・九パーセントで、先進国三十五カ国中、ワースト九位）で、子どもたちの心が満たされていないというのは驚きでした。

しばらくして、古荘純一さんの著書『日本の子どもの自尊感情はなぜ低いのか』（光文社）に出会い、「自尊感情」という言葉を知りました。本書によると自尊感情とは自尊心、自負心、自己肯定感などで、これが高い子どもは情緒も比較的安定し、逆境にも強いなどの特徴があるとのこと。さらに、自尊感情が低い原因の一つが子どもの遊びの質の変化にあり、例えば、家庭用ゲーム機に触れながら、「情報通信手段の発達で、手軽にさまざまな情報を入手することができます。家にいるだけでさまざまな情報を入手し、電子媒体を通して多くの人に接することができる。苦労して実体験を積み重ねていかなくとも、仮想体験はいくらでもできるのです。（中略）コミュニケーションという面で実体験と仮想体験のバランスを欠いた子どもが一部で増えているのは、事実といっていいと思います」と述べています。

自分を孤独と感じ、自尊感情を育てることのままならぬ日本の子どもたち……暗澹たる気持ちになりますが、手をこまねいてばかりはいられません。子どもたちのもっとも身近な「遊び」、特に自分を見つめ、表現する遊びの中に、この問題を解くカギがあるように思うのです。

姪との遊びから気づいたこと

子どもの遊びは大きく変わりました。先ほどの家庭用ゲーム機もその一つでしょうが、それ以上に「三間の減少」が大きいと感じます。

「三間」とは、一緒に遊ぶ「仲間」、のびのびと過ごせる「空間」、ゆっくりできる「時間」を指しており、現代社会では子どもにとってかけがえのない三つの「間」が失われています。そもそも「間」という漢字は、「門」の中に「日」ではなく「月」が置かれていたそうで、遠くの月の光が門の間から差し込む雄大な風景を表していたのでしょう。この情景が示しているような時空のゆとりが失われつつあることは、子どもに限らなくても実感できることです。

一方、今の子どもは「八個のポケットを持っている」と言われ、両親や祖父母、叔父叔母たちからいろいろなものを買い与えられています。ところが、その瞬間は喜んでも長続きせずに、次々と目新しい何かを追いかけることになります。子どもの遊びも大きな消費サイクルに飲み込まれていると言えるでしょう。

私も姪の好意をお金で得よう？という叔母の一人でしたが、ある時このままではいけないと感じました。そしてものを買って与えたり、どこかに連れて行くという一過性のことではなく、創造的で継続性のある何かを一緒に行なおうといろいろな遊びにチャレンジしました。例えば、散歩に出かけて採ってきた草花で押し花を作って、それをカードにしてメッセージを添えて姪の祖父母や両親に贈るといった遊び。中でも熱中したのが絵本作りでした。テーマを二人で考えて、私が最初に物語を書き、姪はそこから得たイメージを絵に描きます。次に姪がお話で私が絵というふうに交代で頁を増やし、表現方法もカラーペン、色鉛筆、クレヨン、水彩、切り絵など少しずつ難易度を高めていきました。この絵本作りは四年ほど続き、今も時々読み返しては二人で大笑いしています。

姪との遊びで私が心掛けたことは、遊び（工作）に熱中できる環境を作る、「早く！」と言わない、上から目線で見たり遊んであげているという態度をとらないという三点でした。当時「三間の減少」は知

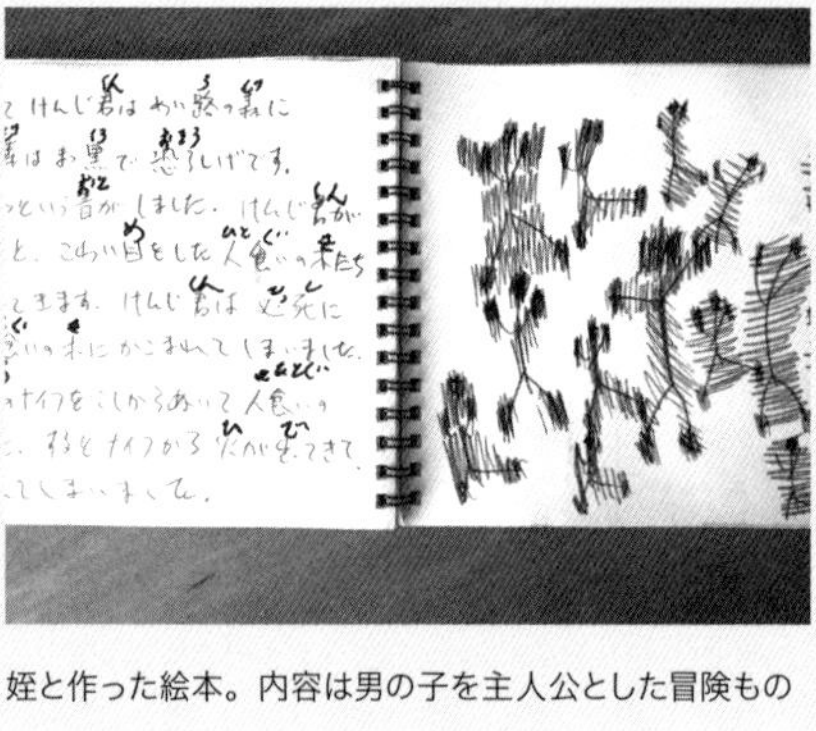

姪と作った絵本。内容は男の子を主人公とした冒険もの

らなかったけれど、一人っ子である姪の遊び仲間として、時間と空間をともに過ごしていたのだと思います。この体験から、子どもの想像力と表現力のすばらしさ、表現することの楽しさ、そこから得られる満足感や向上心に気づきました。

積み木、お絵描き、ごっこ遊びなどの遊びは、子どもの自己表現そのものです。周りにいる大人は子どもが発するさまざまな表現を受けとめて、声を掛け褒めるなど、何かしら答えてあげたいものです。こうしたコミュニケーションの積み重ねが、子どもの安心感や満足となり、自己肯定感や自尊感情につながっていくのだと思います。

体験の機会を増やす

最近は「体験型」の遊び環境が広がりつつあり、「三間の減少」を補うためにも、こうした場を上手に活かすことが大切です。

一つは、子どもを対象とした創造型ワークショップ。NPOや博物館などの公的施設が主催するものなど目白押しです。内容もものづくり、サイエンス、自然探索、アート・クラフトなど多様です。私も子どものワークショップを企画しますが、せっかく大勢の子どもが集まる機会なのだから、複数の子どもが関わりを持てるような仕掛けが必要だと考えます。グループワークの場合は、参加者同士のコミュニケーションを円滑にするファシリテイターの存在がカギで、上手く進行したときはちょっとしたドラマが起こります。例えば二〇一三年夏、上野の国立科学博物館のサイエンススクエアで行われた「カプラ・ワールド」は、満足度の高い内容でした。子どもとその親が二つのグループに分かれ、体がすっぽり入ってしまうドーム型の小屋とローマの水道橋を思わせる大きな橋を協同で作っていきます。作業が進むにつれて励ましたり助け合ったり、自然にコミュニケーションが生まれます。親の間からはまとめ役も登場し、参加者が一つになって一時間ほどで無事完成。子どもも親も思わず「やったー!」と、記念写真を撮り合い、名残惜しそうに会場を離れていきました。

私にとってワークショップの課題は、そこで得た充実感をいかにつなげていくかです。参加した子どもたちの中で一人でも、ものづくりの楽しさに目覚めてくれればと願いつつ企画、運営にあたっています。

新しい遊び場

二つめは冒険遊び場、プレーパークとも言われています。十五年程前、東京世田谷区の羽根木公園で偶然その存在を知りました。そこは、手作りの木造の掘立小屋のある遊び場で、入り口の看板には「自分の責任で自由に遊ぶ」というメッセージが掲げられていました。

カプラ・ワールドでは、カプラの専門のインストラクターがファシリテイターを務めることによって、ものづくりと協同の楽しさを実感できる。欧州では大人のワークショップも盛んだそう。

作品名：カプラアニマシオン
© アトリエカプラ
写真提供：KAPLA® 日本総代理店（有）アイ・ピー・エス

冒険遊び場の始まりは、第二次世界大戦中にデンマーク、コペンハーゲン郊外にできた「エンドラップ廃材遊び場」。整備された公園よりも廃材置き場や原っぱで元気に遊ぶ子どもの様子を見た造園家が発案したもので、現在では欧州諸国やアメリカなど世界中に広がりました。日本ではNPO「日本冒険遊び場づくり協会」が振興にあたり、子どもの生活圏にあること、いつでも遊べること、誰でも遊べること、自然素材豊かな野外環境であること、作り変えできる手作りの要素があること、住民によって運営されること、住民と行政のパートナーシップを築くこと、専門職のプレーリーダーがいることなど、遊び場作りの指針を示しています。

一九七九年に正式オープンした「羽根木プレーパーク」は、現役の子どもに加え、かつてここで遊んだ大学生、社会人、子育て中の大人や年配者など幅広い人々が関わりながら、地域に密着したコミュニティを形成しています。一般の公園では禁止されている煮炊き、木登り、穴掘り、水遊びなども自己責任で自由に遊び、規制されることなく自己表現できます。大切なことは、子どもたちが主体的に考え、行動することだとあらためて気づかされます。
三つめは、私企業であるボーネルンドが運営する室内あそび場「キドキド」です。同社は一九八一年に創業、欧米の優れた遊具などの子ども用品の輸入販売から、遊び環境作りを手掛けています。キドキドのネーミングは子どもの

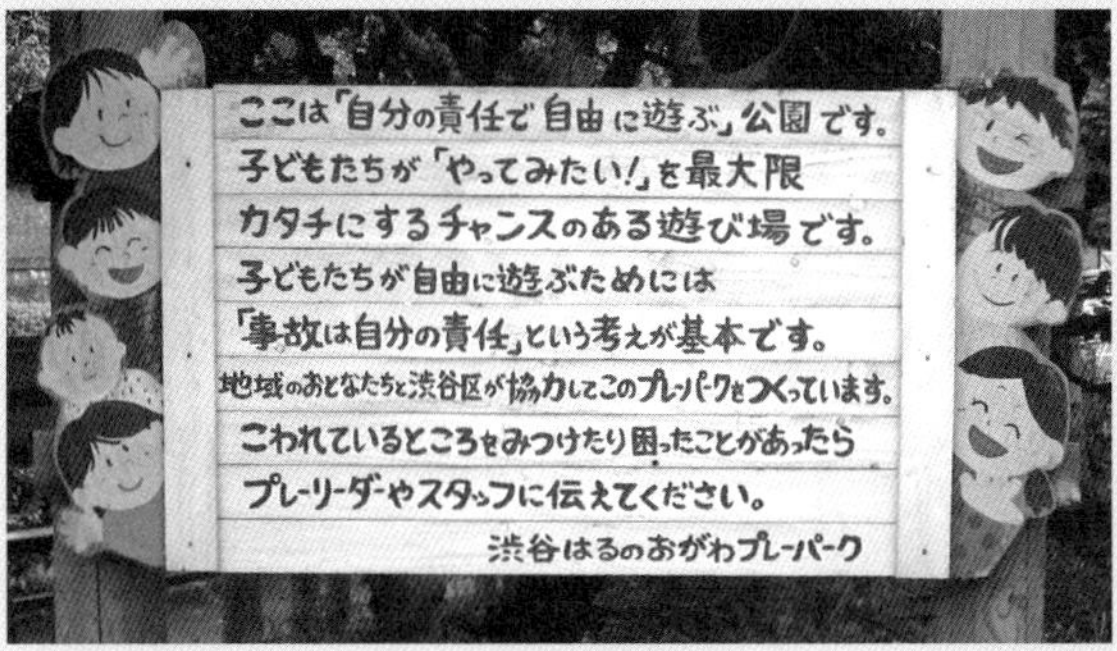

日本各地に広がる冒険遊び場は、自由と責任を自覚のもと、遊びながら自己表現し、仲間同士が認め合うことで自尊感情を育むことができる。

「ドキドキという鼓動」からきていて、大きく「動の遊び」と「静の遊び」の二つのゾーンで構成されています。前者はデンマークの新体育理論を取り入れたオリジナルの運動遊具を中心に全身で遊ぶことが、後者はブロックやパズル、ロールプレイなどの遊具が台所、市場、工事現場、森などの世界観で配置され、子どもたちの想像力や創造性を膨らませます。

「三間の減少」による遊びの変化が、子どもの体力や運動能力の低下、肥満の原因となっている今、キドキドは総合的な遊び環境として、二〇〇四年に横浜に第一店舗をオープン以来、現在は全国に十八店舗を展開、年間二百万人以上の親子が訪れるまでの広がりを見せています。またそのノウハウは、原発事故の影響で外遊びが制限されている福島県の子どもの遊び場、あるいは商業施設や公共施設にも広く活かされています。

このように、遊び環境もおもちゃも子どもの「自己表現」というフィルターを通すと、今までとは違った風景として見えてきます。マーケティングの世界でよく知られる「マズローの欲求段階説」という理論があります。アメリ

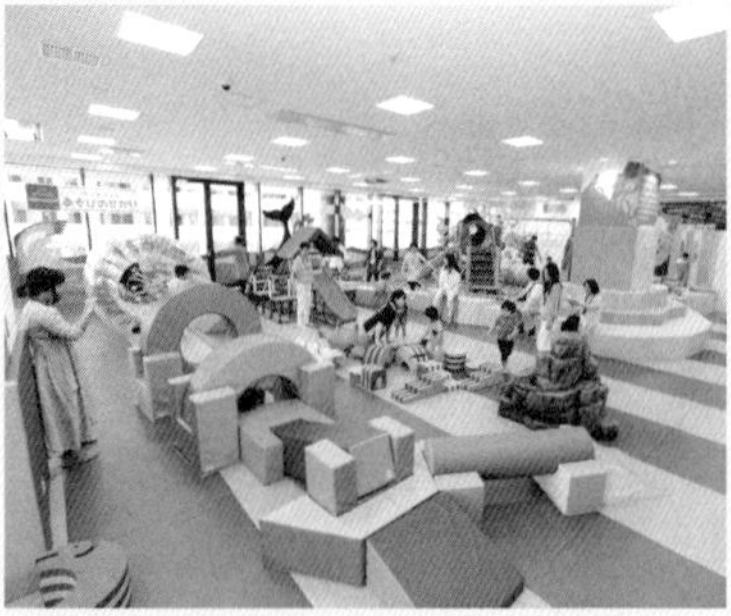

キドキドで自己表現を満喫する子どもたち。そのノウハウは公共施設、教育施設、そして被災地の遊び場に応用される。

力の心理学者であるマズローが人間の欲求をピラミッド状に五段階に仮説したもので、下から「生理的（生命維持）」、「安全」、「愛情」、「尊敬」、「自己実現」と位置付けています。この理論は、人は生命維持、安全などの低層階の欲求が満たされると、その上の愛情や尊敬を求めるようになり、最後が自己実現であることを示しています。人以外の動物も生命維持や安全は求めるので、最上位にある「自己実現」はもっとも人間らしい欲求と言うことができます。そう考えると、子ども時代のさまざまな遊びを通して自己表現できる術に出会い、ささやかなことであっても自己実現しながら、日々の生活を楽しむことができるのなら、どんなに幸せなことだろうと思うのです。

遊びと笑顔のある生活。そんな日常の一シーンには、豊かな遊びのきっかけを作ってくれるおもちゃがあります。子どもが「大人になるまでの大冒険」の仲間として、すてきなおもちゃを選んであげてください。

最後に本書の企画に賛同し、協力、応援してくださった多くの皆さまに、心より感謝を申し上げます。

関　康子

おもちゃの購入・お問い合わせ先（50音順）

アイ・シー・アイデザイン研究所
http://www.ici-design.co.jp

アトリエニキティキ
http://www.nikitiki.co.jp/

アトリエ倭（やまと）
http://a-yamato.main.jp

アニカクラブ
http://www.anikaclub.com

アンドチャイルド
http://www.firstbike-japan.com

アントレックス
www.entrex.co.jp

ヴァルター・クラウル社
http://www.spielzeug-kraul.de/

hhstyle.com 青山本店
http://www.hhstyle.com

エクスプランテ
http://www007.upp.so-net.ne.jp/xpl/

エフパズル
http://www.f-pzl.com

おもちゃ箱
http://www.omochabako.co.jp

カプラジャパン（アイ・ピー・エス）
http://www.kapla.co.jp

キアノ・インターナショナル
http://www.twinklekidsstar.com/

きのかみ
http://heart-tree.com/papaco-yoshino/

キャストジャパン
http://www.cast-japan.com

幻冬舎エデュケーション
http://www.gentosha-edu.co.jp

工房マーパ
http://www.mapa-mapa.com

コクヨS&T
http://www.kokuyo-st.co.jp

コンビ
http://www.combi.co.jp

酒井産業
http://www.buchi.co.jp/

ザ・スタディールーム
http://www.thestudyroom.co.jp/

自由学園工芸研究所
http://www.jiyu.jp/kougei/

集文社
http://www.shubunsha.net

スタジオピーパ
http://www.irokumi.jp

タミヤ
http://www.tamiya.com/

津田商会
http://www.tsudakobe.jp

戸田デザイン研究室
Tel. 03-3812-0955

トノプロダクト
http://www.t-tono.com

なかよしライブラリー
http://www.wooden-toy.net

ニューテックシンセイ
http://www.mokulock.com

ハーマンミラーストア
http://storetokyo.hermanmiller.co.jp

パパジーノ
http://www.papagino.co.jp

パペットワールド
http://www.pw-i.com

ピープル
http://www.people-kk.co.jp

(有)ヒロ・コーポレーション
http://www.ed-inter.co.jp/hiro/

ブラザー・ジョルダン社
http://brjordan.com

フレーベル館オンラインショップ　つばめのおうち
http://www.froebel-tsubame.jp/

ぺベオ・ジャポン
http://www.pebeo.co.jp

ボーネルンド
http://www.bornelund.co.jp

マストロ・ジェッペット
http://www.mastrogeppetto.jp

ヤマギワオンラインストア
http://shopping.yamagiwa.co.jp

やまね工房
http://www.yamanekobo.com

レディーバード
http://www.ladybird-toys.co.jp

※ 本書で表示している本体価格は、2013年秋の消費税抜きの価格です。
※ 本書では、輸入元、製造元などを中心にご紹介しています。購入は、これらの取扱い会社以外のネット通販などでも可能です。

著者経歴

関 康子

エディター、トライプラス代表

デザイン誌『AXIS』編集長を経て、フリーランスのエディターとして活動。2001年、トライプラス(http://www.tri-plus.com/)を共同設立。子どもの「遊び、学び、デザイン」のための商品開発、展覧会・出版、ワークショップなどの企画制作にもあたる。2011年～女子美術大学非常勤講師。

著書に『世界のおもちゃ100選』(中央公論新社)、AERA DESIGN『ニッポンのデザイナー100人』『ニッポンをデザインした巨匠たち』(共著、朝日新聞社)、『超感性経営』(編著、ラトルズ)、『倉俣史朗読本』(構成・編　ADP)など。

おもちゃと遊びのコンシェルジュ

Best 100 Toys for Self-expression

発行日　2013年11月15日　初版第1刷

著者　関 康子
ブックデザイン　木村 愛
編集協力　浦川愛亜
撮影　中西あゆみ
サンプル作成　三沢紫乃

発行者　久保田啓子
発行元　株式会社ADP | Art Design Publishing
〒165-0024 東京都中野区松が丘 2-14-12
tel:03-5942-6011　fax:03-5942-6015
http://www.ad-publish.com
郵便振替　00160-2-355359

印刷・製本　株式会社山田写真製版所

Printed in Japan
ISBN978-4-903348-38-4